定年後、うまくいく人　いかない人

定年後、

うまくいく人　いかない人

定年後、うまくいく人　いかない人

定年後、
うまくいく人　いかない人

日本精神科名醫 保坂隆◎著

幸福優雅的老後

定年後、うまくいく人 いかない人

保坂隆教大家如何構築第二人生的愉悅生活

張玲玲◎譯

推薦文

老後的四大寶盒

文化人　游乾桂

哲學家海德格爾很早便提醒我們，向死的存在，人生的確是單行道，過一天少一天，但只是我們沒有意會到一閃即到，老得這麼快？一下子階段性任務全完成，那個叫做忙於「工作」的名詞，立刻轉進到了下一個階段，叫做「退休」的動詞，演出人生下半場。

老作家薇薇夫人退休前我去找他，我們談著聊著，他語鋒一轉問我，你覺得退休該準備什麼？當時年輕能想的約莫是錢，他大笑回我：要有「力」，意指沒有力，再多的白花花的銀子也是一堆紙或者一種數字吧了，而今想來的確深刻，那也是作者保坂隆想說的魔法。

退休後登場的是「第二人生」，「健康」比錢更貴重這是我的理解，老後賺健康等於賺錢，保有一定習慣性的運動是必要的，這也是我這些年來對自己的承諾：再忙也要動一動。

沒有課的八到十點便是我的運動時間，走路十分鐘到附近的運動中心，上了六樓綜合體育場打羽球，球隊中剛退休的全叫小夥子，因為幾位生龍活虎的勇者全都七十五歲以上，最老的一位高齡九十，還能與我合作雙打，真是佩服。

他們把老後揮灑出愜意的寫真。

除了打球，我還有一群爬山，溯溪，浮潛的夥伴，私下戲稱自己是「不老團」，事實上都是三個人逾二百歲的「已老族」，我們很年輕開始便一起玩樂，青山綠水宛如大家的不老仙丹，上了山入了水，各自都變成山青蛟龍，演著入山六一，下山十六的神話。

閒行山林，我們得最多的是快樂，日日是好日，夜夜寄天真。

屈指一算，我們一起玩樂應逾三十年了，由中年入老年，符合心理學家的說法，每個人都要有一位知音三位好友，我們何止四位，而且一起閒來度餘年，程頤的「卻謂偷閒學少年」一直是我們的座右銘。

老後對我們來說不是餘生，不是「退休難民」，而是添了色彩的「寶貴時光」，正我們把握每一個當下，美化心靈時光，替人生上彩。

很多人一直把工作當成首位，習慣忙於工作之後便無法不工作，保坂隆提醒「將要退休」的人，要提早規劃退休生活，把優雅生活變成一種習慣，而非只是忙碌。

想一想，以下這些事多久沒做了：

看見日出
邂逅夕陽
悠閒的啜飲一杯下午茶
讀幾頁書
走在野徑
低頭看花
仰頭望望星空
……

這些全是彈指小事，但多少人做到了？

一天一天過是虛度，一天一天做則是美好。

老後最珍貴的還有一事，它叫時間，必須用在刀口浪尖上，因為來日不多。

莫管老天的事，老天爺自有一套自己的行事法則，心想事成歸老天管，人需要實做不是虛行。

少理別人的事，孩子大了，有自己的世界，不再是吳下阿蒙，不要再伸出魔掌干預，焦慮操心於事無補的，「煩惱無用，無用煩惱」八字箴言要上心。

該管好的只有一件事，它叫做自己的事，健康好一點，快樂多一點，時間能夠用，活出更優雅。

至於錢嘛，夠用就好。

這些事聽起來好像都很簡單，但我知道其實不簡單，否則保坂隆醫師就不必書寫《幸福優雅的老後》教你如何在老後安身立命了。

推薦文

避免成為退休難民的生活指引

牙醫師・作家・環保志工　李偉文

進入二十一世紀，世界各國都陸續面對人類社會從未有過的現象——有極高比率的高齡人口，而且拜醫療科技所賜，銀髮退休族的身體跟以前人比起來也相對健康有活力，因此如何安排這個多出來的生命歲月，也成了這個時代的新課題。

在討論退休老後的議題上，日本著名的精神科醫師保坂隆寫了很多本暢銷書，最近這一本《幸福優雅的老後》，從他長期關注及臨床接觸的例子，分享了許多你我遲早都會遇到的實用經驗。就像他提醒的，不要認為「船到橋頭自然直，要跟前輩學」，同樣條件的退休上班族，有可能會變成退休難民，也有可能活得幸福又快樂，保坂隆在書中除了大家都會關心的理財及是否退休要再就業等等比較現實的問題外，還包括了食衣住行育樂及伴侶朋友關係等等，幾乎是全方位的建議，可以說是一本實用有效的生活指引。

面對漫長的退休歲月，不管是我們滿懷憂慮，還是興奮地盼望實現上班時放棄的夢想，保坂隆認為我們雖然不必擔心，但也不要太過於天真浪漫，要把自己當作正常人，也就是別人會遇到的問題，自己也會遇到，因此過來人的經驗就很值得參考。

有鑑於很多人退休之後，一下子就被線上怎麼看都看不完的影集與連續劇吸引，上癮而無法自拔，整天呆坐的生活習慣很不健康，保坂隆建議要養成寫日記的習慣，嚴防退休後懶散度日。他所謂記日記不是寫什麼偉大的心得或作品，反而是比較像是紀錄，將今天所做的事，一一寫下。包括說，若想減重，只要如實記錄下所吃的東西和體重，就能產生不可思議的效果。

的確，這個看起來似乎無聊的行動，卻能對潛意識或大腦產生影響，紀錄的神奇力量，也是我多年親身體會並身體力行的祕訣。

保坂隆也建議不必強求「生命的意義」，這或許會帶來更多的失落，因為我們會不知不覺把在職場和別人比較的好強心延續到退休的生活，以為要拚出一份亮麗的清單才不虛此生，但是事實也許剛好相反，當我們不再追求別人羨慕的眼光，回歸自己內心的真實感受，才能獲得真正的喜悅。

曾有個研究發現，一個人會覺得自己這一生過得很有意義，很值得，沒有遺憾，通常是來自於他能夠把時間跟資源放在自己看重的事物上。人有百百種，每個人在乎的事都不一樣，不需要跟別人比較。

面對每個人獨特的一生，該怎麼安排選擇，找到屬於自己可以安身立命的生活方式，保坂隆的這本書很值得我們參考與借鏡。

前言

幸福人生百歲，靠自己獲取

保坂隆

假設退休年齡是六十歲，就算男性比女性平均壽命短，退休後還可以再活二十年，換算成小時，就是九萬個鐘頭（扣掉每天睡眠、吃飯、洗澡的十一個小時）。這些相當於人類四十年工作的整體時間（一週上班五天，每天工作八小時，大約八萬小時），換句話說，退休後你必須再過另一次人生。同時，現在可說進入人生百歲的長壽時代。假如你能活到一百歲，代表退休後，還有漫長的四十年等著你。退休簡直就是迎接「第二人生」的時機，因此更加不能在退休後，把每天當成「人生的紅利」般輕鬆度過。

我驚訝地發現，每天忙於工作、「不知不覺中就退休了」的人，以及「退休後的事，到時再想」的人還挺多的。這個情況就像完全沒做計畫，也沒帶任何裝備，就打算攀登百岳一樣危險。事實上，有許多人對預想的甜美退休生活感到後悔，也有人發覺，當自己失去在家庭或公司的立足之地後，只能在圖書館、小鋼珠店、遊戲場、咖啡廳流連忘返，打發時間，成為所謂的「退休難民」。

還有，夫妻雙方承受面對未知環境的壓力，精神平衡點容易崩潰。特別是失去舞臺的丈夫悵然若失，更給妻子帶來很多煩惱，產生「**丈夫在家壓力症候群**」。

重要的是「價值觀」的轉換。如今，以往「退休後」單純「度過餘生」的概念已無法適用。如何保持豐盈的心靈，度過這麼漫長的時光，不只需要金錢，更需要快樂運用自由的時間，跟家人及朋友重新構築良好關係。

本書針對如何度過退休後的「寶貴時光」，從行動到建立人際關係，廣泛探討「工作」、「金錢」、「人際關係」、「健康」等層面。不論是即將面對退休，或已經退休的人，我認為本書都能提供大家每天愉快生活的有效資訊。不只男性讀者，女性讀者亦可試著與自己的經驗重疊。說不定，過去的經驗與辛苦，是構築未來每天打從心底快樂生活的捷徑。

我堅信，幸福的退休生活不是光靠痴痴等待便唾手可得，必須靠自己走出去獲取。

Contents 目錄

第5章 錢的事也須「粗略」考量——145

第6章 不論何時都擁有「健康身體和頭腦」者的共通點——175

第一章

這些人容易成為「退休難民」

1

你能捨棄工作時的頭銜嗎？

上班的時候，會有很多頭銜。你現在的職銜是？之前可能有人是科長、經理、分店長等職員，也有人是董事、監察人、股東等經營者。

然而，實際上退休以後，頭銜就好像「夏爐冬扇」，不但不需要，還很累贅。可能有人會生氣地想：「這麼說太過分了吧。」其實，我有這樣的想法，來自一位擔任地方自治會長的朋友，他分享了自己的煩惱。

「我們鄉下以適合退休老人居住聞名，每年都有好幾位從都市搬過來住。我當然很高興鄉下的人口增加，可是當我請他們幫忙打掃垃圾集中場，或幫忙祭典的事時，居然有人生氣地說：『我以前是公司的經理耶。怎麼可以做這種事！』處理起來好麻煩。站在地方必須團結的立場，我只好哀求：『這是我們的規定，請您務必配合。』但還是有很多人不肯合作。而且由於對方本身並沒有意識到會給別人添麻煩，所以大多以失敗收場。其實在我們鄉下，能分辨菌菇有沒有毒、能不能吃的人，比一流企業的前經理更受人尊敬呢。」

的確，當你還在上班時，擁有顯赫的公司名稱和頭銜。可是這樣的光環已經隨著退休消失了。所以不管之前多麼有名望，如果無法有「退休後只是一般老人」的覺悟，你將無法跟當地融合。然而，不能接受現實的人，出乎意料地多。

產生這樣的態度，主要是因為「社會承認需求」的心理因素。何謂社會承認需求？簡單來說，就是「需要受人注意」、「希望有人讚美」的心理。

聽說，有的大學教授退休後，拒絕在履歷上寫「現無業」。越是曾經在知名企業工作、擔任菁英級主管的人，社會承認需求的傾向越強烈。然而不管你曾經在哪家一流的公司上過班，退休後就只是個「普通人」。只不過社會承認需求強的人，沉溺在往日的榮光中，無法接受這個現實。

社會承認需求強的人喜歡別人讚美，就是沒辦法「低聲下氣地拜託」，簡直就像是個需要哄的小孩啊。

如同諺語所說：「稻穗結實才會低頭」，我認為，不正因曾經在大公司擔任過主管，應該更重視待人接物，更謙遜有禮嗎？各位覺得呢？

剛剛提到的不合群者，共通點是多半還有名片。名片上赫然寫著「○○同好會幹事」之類不知所云的頭銜。「這些人就算退休，還是得仰仗頭銜生活」，讓人不禁感到悲哀。

我認為那些寫著「不知所云的頭銜」的名片，代表持有人的社會承認需求強烈。長期依靠「隸屬組織」的頭銜證明自己存在，一旦失去頭銜，就會感到心慌意亂。

可是，講究頭銜只是愛慕虛榮。人們通常不會跟愛慕虛榮的人打交道。所以我們要非常小心，別成為「大家不想為伍」的人。

2 你能不靠名片介紹自己嗎？

剛剛說過，有人退休之後還是在印名片。

「當我想交朋友，或者參加同好團體、上文化教室的課時，覺得自我介紹非常辛苦。由於沒有擅長或興趣，說完名字之後，就無話可說。我討厭自己變成一個無趣的糟老頭，所以印名片告訴大家，我之前的履歷。」

我常聽人這樣說。不過仔細分析後發現，給對方名片，不就是為了「給初次見面的人一個好印象」、「想抬高自己的身價」嗎？

也有人哪怕沒印名片，自我介紹時，必定驕傲地提起過去輝煌的履歷。

比如「我是○○○，到去年為止，任職於△△公司」或者「我在過去的四十年，都在小學執教鞭」。這些說法都出於「想給對方留下好印象」的心理。

當然，任何人都想給人好印象，我也是啊。所以很能了解各位的心情。不過，假如在團體或教室自我介紹時，周圍的人即使是晚輩，也跟你一樣站在起跑點，做出「我告訴你，我比你高一級」的行為，不覺得很失禮嗎？而且恐怕這麼做之後，沒有人願意跟你做朋友了。

至少你現在是在自我介紹，不是在面談，也不是在人生總決賽的時刻，沒必要提起過去輝煌的經歷，只需誠懇地介紹現在的你。

「各位好，我是○○○。因為退休，有空餘的時間，所以來參加這個聚會。請大家多多指教。」

哪怕這樣簡單，也沒關係。

假如你很想多吸引一些人的注意，刻意表現自己，也可以多加一句對方「很想聽」或「可以繼續聊下去」的話語，例如「我喜歡看電影」之類。千萬不要說出「我以前上班時很厲害」、「交給〇〇〇，沒問題」之類自誇的話。

假如你還是無法克服「沒有名片的不安」，請回憶一下童年時代。那時你一定有跟誰做朋友，但是當你自我介紹時，恐怕只說「我是〇〇〇，請多多指教」就夠了。就像這樣，不要害怕，顯示出真正的自己，才是交朋友的極致。

開始參與社區活動之後，必須注意言行舉止。若總是提起「我上班時怎樣」、「現在不行啦」之類當年勇的話題，周圍的人恐怕聽得都膩了。

曾經在一流的企業任職、搶升官出頭之類的權力遊戲，已經在退休的瞬間結束。不管你再怎麼回首，退休後也不可能回原來公司上班。既然如此，不如跟過去澈底切斷。

假如你仍棧戀過去，無法捨棄在對方之上的心理，就無法交到新朋友。這樣用不了多久，你就會成為孤單的退休難民。

我們可以從一個人退休後的人格及生活態度，看他的價值。請從正向思考：「終於到了以真面目被評價的時候了！」

3

漸漸遠離面子和人情

在醫院附近偶然碰到我的病人（六十六歲），我發現他差不多有三個月沒來看病了。當我說：「你看起來挺有精神。」他看著我，露出尷尬的表情。

我想，對方沒答腔，應該過得還不錯吧。不料他搔搔頭說：「其實我應該來看醫生，但是沒有錢。」我懷疑自己聽錯了，記得他在某家知名家電廠工作，怎麼可能沒錢看醫生？

「難道退休金被詐騙集團騙光了？」我為他感到難過，出聲安慰。

「不是啦。是我自作自受。退休後，經常參加前部下或朋友的小孩的婚禮，紅包包太多，搞到沒錢過活。前些天老婆才罵我：『我們從很久以前就只靠退休金生活，你這麼做根本是死要面子！』」

我聽完，鬆了一口氣，接著馬上一肚子火。為什麼？因為這人居然為了虛榮心，連自己的健康都不顧！

於是我說：「尊夫人罵得對。假如你有錢包紅包，不如用這些錢來醫院看病。我等你喔。」

他大概覺得被邀請參加結婚典禮，表示自己很受歡迎吧。可是在日本參加結婚典禮，紅包很貴。不只結婚，所有婚喪喜慶全都要包現金，這點讓我感覺十分奇怪。

戰前時，不管婚禮還是喪禮都在家中舉行，不會大張旗鼓。現在委託專門業者處理，越搞越花俏，參加的人也得包高額的禮金或奠儀才行。

當然，你能夠參加結婚典禮，前部下或朋友會很高興。這種交際應酬，當你還領薪水時沒有問題。現在的你若想出席，卻得名符其實地「節衣縮食」了呢。

再說，你固然認識原屬下、朋友，但跟他們的兒女應該不熟。因此，一切都應以自己和配偶為優先考量才對吧。

認識的人往生時也一樣。往生者跟仍然活著的你，究竟哪一個比較重要？答案當然是後者。

或許有人認為「這麼做不近人情」，但是，如果自己的生活有經濟上的壓力，還要講究交際應酬的人情，不是在打腫臉充胖子嗎？同時，即使不參加婚禮和喪禮，依舊有辦法表達你祝福和慰問的心意。

田中角榮[1]先生曾經說過：「不管發生什麼事，我都祈求和我有關的人冥福[2]。」果然，聽說他常不帶隨從，一個人出席喪禮呢。

這是講究人情世故的田中先生的小故事。不過人情世故要用金錢堆砌，且不說你現在只靠退休金生活，就算再回去上班，待遇也不會像以前那麼好，因此你必須要有自覺，在退休的同時，跟浮誇的交際應酬說拜拜。

1 **田中角榮**（1918–1993）曾任日本首相，僅小學學歷，是日本首位無大學學歷的首相，有「平民首相」之稱。

2 **冥福**是指亡者在陰間的幸福，即祝禱亡者死後幸福，願亡者安息。

4 退休前建立自己的「安身之所」

享受大幅刺激好奇心的海外旅行，或是身心皆可放鬆的溫泉之旅，真的是太開心了。然而任何快樂都比不上回家之後的放鬆，因為家才是你「安身立命的地方」。

可能有人工作中毒，認為「每天一大早上班，進公司之後，才鬆口氣」，因此這些人認為公司是自己的「安身之所」。

另一方面，安心感越大，失去時的失落感也越大。唯有體驗過這種失落感的人，才能了解個中感受。有些銀髮族在退休後立刻罹患憂鬱症，便是原因之一。

「職場上生龍活虎」、「拚命三郎」、「不服輸」之類個性剛強的人，特別危險。這種類型的人多半傾向「只有虛弱的時候才會憂鬱」、「想太多」。因此一旦失去安身之所，心情沮喪的時候，會企圖「趕快打起精神」，為了另覓立足之地，給自己超乎尋常的壓力，反而讓憂鬱症惡化。

隨著每一年平均壽命延長，我們確實需要有立足之地。以前規定五十五歲退休，但在高經濟成長初始的昭和三〇年代（約西元一九五五到一九六四年），男性平均壽命只有六十三歲。也就是說，人們只能享受短暫的退隱生活，就得面對死神。

然而現在即使六十歲才退休，卻還有超過二十年的日子要過，如果找不到新的安身之地，精神就會沒有寄託。

幾乎所有男性都認為「退休後離開職場，還是有家可歸，跟太太安享晚年，所以不要緊」。但是尊夫人卻不這麼認為。尊夫人想的是「就算先生退休，我還是要跟以前一樣參加同好會，和朋友血拼，擁有『屬於自己的時間』越久越好」。因此，原本去上班的丈夫整天待在家裡，讓她產生超大的壓力，也就是得了「丈夫在家壓力症候群」。這件事之前在媒體蔚為話題，相信大家也看過類似的報導。

當丈夫「想跟伴侶在一起」時，對方卻老是往外跑，最後只好一個人待在家看電視打發時間。如此一來，家庭也不能說是「快樂的安身之所」啊。

倘使先生因此發號施令：「你不准出去，要在家裡照顧我。」會使太太的「丈夫在家壓力症候群」惡化，產生憂鬱症、高血壓、氣喘、胃潰瘍、狹心症等各種身心上的病變。

即使太太沒有罹患上述疾病，也因無法忍耐沉重的壓力，斷然提出熟年離婚，這樣的情形越來越多。

倘使你不想成為退休難民，必須在公司和住家以外的地方，建立「安身之所」。你不只要在這個「安身之所」打發時間，還能確實感受到自己的存在感，滿足愛自己的心理。

建議你多多參加同好會、社區活動。假如能在毫無利害關係的地方磨練你的技能，對社會有所貢獻的話，就可以確實感受到自己的存在感，或許自己主動參與，能夠成為你的生命力呢。

5 熟年離婚太可惜

剛才略微提到熟年離婚，不過我反對熟年離婚，理由是「太可惜」。

《離婚學校》等書的作者，也是夫妻、家庭問題評論家池內廣美女士，曾經提出「熟年離婚只是共享貧困而已」這樣辛辣的言論。特別是長年擔任專業家庭主婦的女性，離婚後你的老年似乎將面臨無法想像的辛苦。

或許有些女士認為「離婚後，有夫妻均分退休金的制度，應該不要緊」，的確因為有這條法規，離婚後妻子可以共享丈夫的退休金。

但是各位可能不曉得，被分配的並非全部退休金，而是扣掉基礎年金後，厚生年金的報酬比例中，看結婚幾年，以對價金額的二分之一為上限。簡單來說，就是你「拿不到以為的那麼多」。

而且離婚後，生活費也不是現在的二分之一。一個人住，水電瓦斯、飲食費可能會少一點，但是若仍有房租或房屋貸款要付的話，一個人的生活費跟兩個人住時幾乎沒什麼不同。再加上少少的退休金還要分一半，怎麼夠支付生活費呢？

你認為「有小孩照顧，所以沒關係」嗎？恐怕是想得太美。等你退休，兒子或女兒恐怕已經三、四十歲了吧。依據總務省的「家計調查」，這個年紀的居住費用和教育相關支出最多，可見連他們自己的財務都捉襟見肘了。

相對地，參加像健身房之類運動設施，支付會費者以六十多歲這個年齡層最多，由此可知很多長者在生活上是有餘裕的。

捨棄有餘裕的生活，搬去為房貸和教育費汲汲營營的兒女家，怎麼想都不是個良策。

然而讓我覺得相當「可惜」的原因，不光是經濟方面的問題，而是指長年一起生活的歲月都將化為烏有。

我當然明白太太看著退休後的丈夫，整天待在家裡無所事事，不免感到煩躁；對於丈夫的「飯還沒好嗎？」、「我要洗澡」、「幫我洗衣服」等命令，更是火大。

不過，你們應該有一起旅行，欣賞漂亮風景的經驗；也曾一起分享孩子入學、畢業的喜悅。

只有伴侶才能擁有這樣共同的體驗，切斷這樣獨一無二的存在關係，不覺得可惜嗎？

依據婚姻顧問公司樂天O-NET調查，聽說離婚婦女有四成「後悔」。這雖然是全年齡的調查，並非熟年離婚的數據，不過老年之後離婚，確實背負著比年輕時離婚，更多金錢、年老孤寂感、親子關係等問題，所以我想，老年離婚女性的後悔比例，應該比四成高。

我周圍離婚的人大多異口同聲地說：「沒辦法，我需要能量。」但用這個能量去修復關係，肯定能夠度過離婚危機，讓彼此不致淪為退休難民，不是嗎？

特別是年長男性，為了好好度過晚年，最重要的事就是避免熟年離婚。許多人以為「我才不會碰到熟年離婚呢」，這麼堅信的人其實很危險。

我們來看看什麼情況，有熟年離婚的風險呢？

請在底下符合的項目打勾。

□認為男主外女主內是天經地義的事。

□假如有一天自己臥床，一定要太太照顧才安心。

□退休後也不打算做家事。

□基本上，認為退休金是自己的。

□不記得妻子生日。

□很少跟妻子聊天。

□之前工作很辛苦，退休後打算為所欲為。

好，你打了幾個勾呢？

假如你認為「只打一個勾，應該沒問題」的話，就大錯特錯囉。哪怕只有一個項目符合，說不定也在尊夫人心中累積了相當的不滿，讓她在你退休的同時，說出「我想要離婚」的話。

為什麼你會在不知不覺間，被逼到熟年離婚的懸崖邊？原因是你一直忙於工作，把家庭和孩子都交給太太的緣故。就算太太找你商量，你也以「我工作很忙，家裡和小孩的事都是你的工作啊」為由，拒絕協助。

這種情形日積月累，你便被貼上「講了也沒用」的標籤。於是彼此的話題變少，兩人之間逐漸出現鴻溝。

可是男性似乎在解讀對方心意，也就是「符合解讀能力」上很差，一味認定「她什麼都沒說，就表示同意我的主張」，完全沒留意對方非常不滿的情緒。這便是尊夫人難耐這樣的生活方式、在你退休的同時提出離婚的原因啦。

假如希望在退休之後，能夠夫妻和諧相處，請男性讀者努力在退休前，把測驗的項目一一消除吧。

6

讚美是夫妻間的繫絆

你什麼時候對伴侶說過「謝謝」，或者讚美對方「好漂亮」、「〇〇跟你很配」呢？

恐怕很多人回答：「我想，但是說不出口。」這樣真的很糟糕！

近年來，年輕一輩在人前也不害臊地大方說「愛你」，或者讚美對方「這件衣服好漂亮」。

相反地，年長者總是用「心意相通」、「不說她也知道」等當作藉口，不肯說出溫柔的話語。

但是任何人都想「被讚美」、「被喜歡」吧，這點便是前面提過的「社會承認需求」之一。即使明知是奉承話，卻不覺得噁心，因為這麼做，是在滿足她的社會承認需求。讚美是維繫男女關係持續圓滿，不可或缺的方法。

高特曼（John Mordecai Gottman）和馬雷兩人持續研究、調查十年，結果據說只要聽夫妻倆對話十五分鐘，便知他們以後是否會離婚。而且其準確度竟然高達百分之九十四！恐怕連占卜師和預言家也很難做到這麼準吧。

他們注意的是夫妻倆對話時，是用誇獎對方、接受對方發言的「肯定式對話」，還是貶低對方、反對對方陳述意見的「否定式對話」，觀察兩者之間的比例。「肯定對話」越少，關係越危險，離婚的可能性也越高。

的確，當你說話時，被對方全盤否定，或者每次一碰面就吵架，這樣當然會讓對方討厭。

如果你希望退休後夫妻能夠生活圓滿，請經常說「謝謝」，誇獎妻子吧。現在開始也不嫌遲喲。就算她知道你是奉承，被稱讚還是很開心，因此請經常說「這件衣服真好看，穿起來很年輕」、「出門請多小心」之類，只要簡單的三言兩語就夠了。

我也是害羞的銀髮族，說不出甜言蜜語，不過我會努力地說出「感謝你昨天給的○○，真的幫了大忙」或者「今天煮的菜很好吃」，總之盡量把想到的事情說出來。

由於熟年離婚不只男性，女性也要面臨嚴峻的現實考驗，請務必用心，多說幾句體貼對方的話吧。

7 能做「大餐」，沒啥了不起

有笑話說：「醫者不養生。」我直到現在還是會在截稿日前，為了寫稿通宵熬夜。

其實就在前幾天晚上，我專心地坐在電腦前寫稿，回神時才發現，居然已是早上六點。肚子餓，怕到廚房弄早餐會發出聲音吵到別人，於是悄悄出門，到附近二十四小時營業的餐廳吃早餐。

走進去發現，裡面坐了七成滿，而且絕大多數是銀髮族。我原本以為都是男性，仔細一看，有許多對夫妻，差點以為是「銀髮族的新嗜好」呢。

詢問來點餐的侍者：「今天人好多。一直都這麼多人嗎？」侍者笑著回答：「是啊！在座的都是常客，他們會過來吃早餐。」

聽到侍者的話，我不禁想：「這些人與退休難民的封號無緣吧。」再轉念一想，可能也有人認為「雖然有老婆，但是她不做早餐」吧。

不過，有「老婆應該做早餐」這個想法的人，已經踏出了邁向退休難民的第一步。

當你還在上班時，為了節省早上寶貴的時間，很多人僅以吐司和咖啡當早餐，簡單裹腹；退休之後，希望能夠吃到白米飯配鹹魚乾、玉子燒、醃菜、味噌湯，這樣豐盛的日式早餐。

可是全套日式早餐與烤吐司所花的工夫完全不同。大清早要做這麼豪華的早餐，恐怕尊夫人很容易罹患「丈夫在家壓力症候群」，結果當然很悲慘囉。

從這點來看，夫妻倆若不想有上述的負擔，又要享受日式早餐的話，去餐廳吃飯反而是個兩全其美的方法。

最近擅長廚藝的男士越來越多，可能有人認為：「退休後由我來負責做飯，太太就跟『丈夫在家壓力症候群』絕緣了。」這個想法大錯特錯！據O-UCCINO綜合研究的調查顯示，丈夫煮飯的頻率和夫妻圓滿與否，沒有關係。

可能丈夫心目中的料理與妻子想的不一樣吧。丈夫想的是「大餐」（非家常料理），可以邀親朋好友一起吃的豪華宴。丈夫做完菜，就把廚房丟下不管，鍋碗瓢盆在流理檯堆積如山的情況屢見不鮮。

相對地，主婦想的是「便餐」（家常料理）。主婦們每天早、中、晚，從天亮到天黑，在廚房裡忙個不停。連身體不舒服時，也得不到片刻休憩。不只煮菜，她們還要考慮營養、預算和時間等限制，餐後收拾更不能馬虎。

已婚男士裡面，雖高達八成否定「君子遠庖廚」的想法，但是實際做「便餐」的人占了多少比例呢？這是個很大的疑問。至於我本身，因為無法每天操持早、午、晚餐，不能自誇了不起，但是當妻子外出時，還是可以做簡單的餐點啦。

如果各位男士不希望退休後過辛苦的生活，請把你只想做「大餐」的心情，從現在開始，調整為學著做「便餐」吧。而且可以盡量利用餐廳喲。

第二章

退休時希望做的事

為了能繼續工作，要先做好安排

「退休金不如預期的多，無法清償房貸」、「領退休金的年齡提早，所以生活的開銷有問題」、「孩子還小」等，基於種種理由，最近似乎越來越多人在退休後，選擇再度就業。實際上，根據內閣府的數據，可知六十歲以上的熟齡族，有七成打算「今後還要再上班」。

稍早之前，幾乎沒有企業會僱用年紀大的長者，可是最近每家公司都有人才不足的困擾，因此銀髮族的就業率高達四成。

即使好不容易找到可以二度就業的公司，仍然不少人無法長期支撐下去。詢問這些年長者離職的原因，答案多半是「因為不是我想要的工作」。

這麼想的人可能拘泥於以前的薪水和紅利，或者覺得不必委屈自己，做無聊的、不合適的工作。換句話說，他們還沒有從「往日光彩」中轉身離去。

可能你認為「曾經在上市公司擔任經理的我，怎麼可能做如此簡單的工作」、「為何一定要聽毛頭小子的命令」。即使沒說出口，只要有類似的念頭，便無法好好地在新公司上班。

《聖經》中說：「人並非僅為麵包而生活。」

工作也一樣，你並非僅僅為了生活、育兒，賺取必要的金錢。更重要的是，能否透過工作，對社會有所貢獻。

我認為，很多人退休後急遽老化，其中一個原因是，他們不再認為「自己對社會有貢獻」。因此我建議：「不要驟然停止工作，對肉體和精神都比較好。」

不設任何條件，以更自由的心態出發，「從零開始」，考慮繼續工作呢？倘若拘泥於過去上班的情況，對於好不容易迎接退休、享受自由的你來說，毫無意義。

倒不是說「之前累積的經驗都白費了」。為什麼呢？周圍的人都知道你最有經驗，一旦出了狀況，一定來找你諮詢。

就算沒有頭銜，只要自信擁有不輸給任何人的老經驗，衷心感謝有讓自己容身的職場，認為「光這樣就很幸福」，這個念頭不是很好嗎？不抵抗地安然接受現實，是你能夠成功二度就業的祕訣。

可能有不少人會想：「先休息一下，再去上班。」但是這個念頭很危險。我能理解，你持續工作了將近四十年，有「很想過一下悠閒生活」的心情。可是一旦在家放鬆之後，再回職場上班，需要提起超乎想像的能量與幹勁。很多人原本只想休息一下，結果變成無限期休養。

再說，假如原本並沒有安排好二度就業的公司，實際上等待就業的時間，說不定得花上一年半載。因此，退休前先為二度就業做好準備，一點也不嫌早。

以電影或小說為藍本

你知道黑澤明先生導的電影《生之慾》嗎？故事是說，一個在鄉公所上班了三十年，從來不遲到不請假的中年男子，因為得知罹患胃癌，對自己過去「消極主義的生活態度」產生了疑問。

以前看這部電影時，多半是從醫生的角度思考：「假如他身處醫療進步的現在，說不定不會死呢。」

不過最近再看，則是覺得男主角能在人生的最後階段，完成一項工作，實在幸福。

儘管電影的內容沒變，我的看法卻有這麼大的差異，著實感覺不可思議，可能因為我也已經步入晚年的緣故吧。

正值青壯年的你無法想像自己年老的模樣，因為你不願意面對老去。然而退休和老化結結實實地造訪，即使你轉過頭不去面對，依舊感受得到「不該這樣」的後悔與苦痛。為了不後悔、痛苦，看電影或戲劇，提前做準備，不是很好嗎？

例如我剛剛提到的《生之慾》中，男主角曾經自暴自棄。失去之前辛苦存起來的錢，在深夜的街上徬徨，都是真實的寫照。人生已經一無所有了嗎——思前想後，想起之前民眾要求「建造公園」，可是案子被大家推來推去。男主角決定接受民眾陳情，強力說服上司，也不畏流氓威脅，最後終於達成願望。

主人翁在退休前過世，如果把死亡換成退休，大家是否有在退休時應該要做的事呢？

假如你認為《生之慾》太沉重，這部《RAILWAYS給不能傳達愛的大人們》怎麼樣呢？這是一部在二〇一一年播映的電影，透過劇中男主角退休以後，無法捨棄「男生該這樣，女生該那樣」的傳統觀念，闡述「不論男女的工作，都不只為了謀生」的主題。

我也跟大家推薦小說。例如，渡邊淳一先生寫的《孤舟》，描寫原本是一家支柱、君臨之姿的男主角，從大型廣告公司的常務執行董事退休後的真實面貌。

村上龍先生的小說《55歲開始的Hello Life》，從退休後的夢想是到全國旅行，但遭全家反對，被迫再去上班的男主角開始，展開五位主角交織的故事。這本小說後來被拍成電視連續劇。

獲得諾貝爾文學獎的石黑一雄先生，在《長日將盡》中寫出一位忠於工作，捨棄愛情的男性的懊悔，這部有名的小說也被拍成電影。

不論哪個作品，都是以退休後及老年的現實為藍本所做的假想體驗，讓我不禁深思，到底怎麼做才能不淪為退休難民呢？

10 跟前輩學習退休後的生活

除了跟電影、小說學習，也可以觀察比你早退休的前輩的生活，聽聽他們的經驗。今年五十七歲的C先生便藉著實踐這一點，降低淪為退休難民的風險。

C先生的前上司在五年前退休，他用退休金把自宅改建為二世帶住宅*，現在跟兒子夫妻同住。C先生的兒子目前還在念大學，原本打算兒子上班後，讓他搬出去住，不過考慮到可以暫時住一起，日後再把房子交給他，C先生聽從上司的建議，改建自己的家。

「前上司說，要有兩個廚房，洗澡間、廁所、出入門也最好各有一個。由於注重隱私，要非常小心隔音。聽到他的話，讓我茅塞頓開。確實感受到有經驗者的意見值得參考。」

不久以前，人們還覺得跟父母同住理所當然，可是現在的父母和孩子生活方式截然不同，有將近五成的孩子「不希望跟父母住一起」，人數更是「願意同住」者的二・五倍（以上皆根據「保險診所」的調查）。

然而依據前上司的建議，把房子改建成注重隱私的二世帶住宅，或許可以避免許多同住後的問題。

＊**二世帶住宅**：又稱「二代共居宅」。日文「世帶」即家庭之意。兩個家庭同住的建築，根據熟齡父母及成年子女的不同需求，規劃各自的生活空間。

可惜的是，尊重長者乃過去的習慣。「退休後的前輩暮氣沉沉，見到他們，自己的情緒跟著低落」、「無法忍受宛如目睹自己遲暮的樣子」，近來越來越多人不想跟退休的前輩或上司碰面問候了。

然而不管怎麼逃避，你還是會在不久後，到達前輩及上司的年紀。你不希望屆時出狀況、孤立無援，財務上捉襟見肘吧。因此前輩的經驗談，反映了你今後的人生架構，應該多多聆聽才是。

年紀越長，積蓄越多人生的知識和經驗。如果光是知識，年輕人或許也可藉由念書取得，但經驗卻非得靠時間累積才行。換句話說，有太多事只有人生的前輩才知道啊。

有人或許會想「船到橋頭自然直」，不過在退休之前，先廣泛聆聽眾前輩的現況，我認為相當有意義。

追夢需要堅持和努力

曾經在食品公司上班的H先生（六十四歲），似乎從上班期間就有以後要開餐廳的夢想。幸運的是，他的太太也跟他有一樣的夢，所以他們在退休的同時，於東京郊外開了間餐廳。

「我們只使用有機食材，也只要無添加、無農藥的酒和咖啡。憑著實踐理想的心情開店，卻發現想像跟現實落差很大。如果澈底按照理想去做，成本太高，就算把賺的錢也攤提出來，單價還是貴得嚇人。結果我們的定價幾乎接近成本，扣掉店鋪本身的水電費和租金，每月都是赤字。我們確實建立了固定客源，也有足夠的話題，可是我們不論精神或肉體都面臨嚴峻的考驗，因此只開了一年就關門了。」

像H先生這樣，打算退休後創業的人應該不少。我很了解各位的體力和精力都很旺盛，覺得就此退隱相當浪費。再加上有退休金，企圖最後再一次發光發熱。尤其是男士，「不希望一輩子臣服」的念頭特別強，無法抑制實踐長年夢想的渴望。

然而現實和想像不同。尤其是打著「趣味小店」招牌的店鋪，實際上經營店鋪或經營公司，並非只靠「興趣」那麼簡單，必須要綿密的計算成本，也要花人事費來僱用人員。

我明白各位追夢的渴望，但跨足與之前工作截然不同的範疇，貿然創業的話，極可能賠掉好不容易拿到的退休金，淪為退休難民。

或許你想：「在熟悉的領域創業，應該沒問題。」這個念頭也得留意。為什麼呢？因為日本普遍對公司的信任度比對個人強。某位曾經在知名IT公司任職的五十三歲男性，對於這一點感受到切膚之痛。

「以前上班時，我留意到很多人來詢問電腦相關問題，但是大公司不處理個人的電腦。我認為這是個商機。三年前提早退休，開始幫客戶到府維修電腦。我提供跟家電量販店相同的服務，收費卻低很多。當然我對自己的技術相當有信心，可是卻乏人問津。」

個人工作室即使收費低廉，但由於信用度不夠，大家還是壓倒性地偏向委託知名的公司，這點的確是實情。因此即使以前在大公司服務過，也必須考慮「我現在沒有頭銜，恐怕不被信任」。

這位男士的厲害之處在於，他察覺到「必須先建立自己的口碑」。所以他在社區等免費的電腦教室當講師，先跟學生建立信賴關係。於是慢慢地「這個人沒問題」、「值得信賴」等口碑傳了出去，工作機會也隨之增加。

像這樣，為了退休後能成功創業，在職時便要另闢蹊徑。不論你有多高的技術和志向，不先建立口碑，吸引群眾是不行的。

有夢想是保持青春的祕訣，因此追夢絕不是件壞事。可是真正實踐夢想時，必須要有堅持和努力。光靠「船到橋頭自然直」，全然沒有根據的樂天想法，就要追夢，請注意，你極可能變成退休難民。

別冀望「退休後住在鄉下」

提到「退休後的夢想」，有人想「老了以後住在鄉下」。根據內閣府的調查，住在都市的人，三成以上有這個願望，可以說相當多。的確，在大自然裡過著悠閒的生活，好像可以長命百歲。在鄉下栽種無農藥的米、蔬菜，也可獲取相當不錯的收入。

有人在退休後真的實踐了。某位在飲料工廠上班的男士，退休後從東京搬到長野的高原，租地種植萵苣、大黃瓜、花椰菜等高原蔬菜。

「晚輩來訪，常有人說『真羨慕』，也有人說『看到你，讓我也想退休後搬到鄉下』，但我並未積極鼓勵他們這麼做。為什麼？因為他們只看到田園生活美好的一面。」其實他在下定決心搬到長野之前，花了三年的時間，每週末都通勤來熟悉環境。

「就算如此，偶爾還是會冒出『不應該這樣啊』、『說真話，鄉下居不易』等念頭。因此只住兩天就有『好棒啊！好想搬來住！』的衝動，是很危險的。」

住在鄉下有好有壞。例如你認識幾位跟你同社區或同大樓的人呢？

住在都市，大家互不相干，你大概會回答「不認識，也不想知道」吧。但是住鄉下可不能這樣喔。即使你住在別墅區，還是有些人站在關心的立場，大老遠跑來拜訪，他們追根究柢地提出「你在做什麼呢？」、「從哪裡搬來的？」之類問題，這種情況是非常普遍的。

由於鄉下比都市更加高齡化，很多地方，六十出頭仍算是年輕小夥子了。所以他們會邀請你加入消防團，還會強迫你在夏天協助祭典、冬天為住家附近剷雪。

這些都不誇張。日本長野縣安曇野市製作的廣告「住在信州安曇野的建議」，針對新搬入者寫著「從跟當地人交誼，知曉當地要遵守的生活規則」、「漸漸參加自己鄉鎮（社區）的活動，與居住在同一鄉鎮的人構築良好關係，是你定居於此的第一步」等建議。

經過長時間考慮後，決定搬到鄉下居住的男士這麼說：

「最驚人的是，我把洗好的衣服晾起來，外出買東西，半路下起大雨。我急急忙忙趕回家，卻發現晾的衣物不見了。我還以為是被狐狸把衣服給偷走了，後來，鄰居把疊好的衣服拿過來給我。我當然很感激，可是也感到十分困擾。」

很多想住鄉下的人，一心想拋開職場時期複雜的人際關係，在沒有任何人知道的地方隱居。然而，住在鄉下，若不跟人們建立比職場時代還要親密的關係，你將無法度過憧憬的田園生活。

所以這位男士嚴正地警告大家：

「因此我奉勸晚輩：『假如你一心想過田園生活，至少頭五年別把都市的房子賣掉。』因為出乎意料地，有很多人『又想搬回都市，可惜房子已經賣掉，所以無房可歸』。」

13 保持樂觀思考的習慣

「什麼樂觀思考？不想說這麼不負責任的話！」

面臨退休的人裡面，可能有人這麼想吧。

但我認為，保持樂觀思考是非常重要的。我們都知道，凡事悲觀的話，會促進壓力賀爾蒙的分泌，給身心帶來不好的影響，同時，腦內的血清素也會因此驟減。血清素是促使我們往前活潑行動的物質，也是活化身心不可或缺的要素。假如這麼重要的物質驟減，不只容易鬱悶、罹患憂鬱症，對內臟器官的運作也有不好的影響。

長此下去，當然會影響壽命。根據研究，悲觀思考的人比樂觀思考者，大約少活十年！

好不容易退休，可以享受自由的時光，結果少活十年，是不是很可惜呢？另外，人年紀大了，容易用否定思考、說悲觀的話，如果趁這時改成樂觀、正向思考，不是很好嗎？

「這麼做的話，退休以後會變得凡事不在乎。」說這話的人似乎不少，不過「樂觀」跟「凡事不在乎」是不一樣的。

心理學家阿德勒認為，「樂觀是相信未來發生的事一定能夠解決的行動」；相對地，凡事不在乎的人「天塌下來有高個頂著」，是啥事不做的「樂天派」。

也就是說，「在可能範圍內節約，盡可能不做退休難民」，是樂觀；「沒做大致的財務規劃，揮金如土亂用退休金」，則是樂天。

我並非主張「不必做財務規劃」，只是想告訴各位：「太綿密的財務規劃會讓你隨時提心吊膽，只有百害而無一利。」

而且這麼做，退休反而會讓你壓力倍增。美國的心理學家荷姆斯（Thomas Holmes）和拉赫（Richard Rahe）曾公布一個壓力源的指數量表，根據指數量表，「配偶死亡」是一百的話，「退休」是四十五，「親友死亡」是三十七，「夫妻吵架次數增加」是三十五，都會帶來相當大的壓力。

還有雖然沒放進指數量表中，其實「對模糊的未來感到不安」也會使壓力增加，可見人類是很容易被擊垮的。所以我們要盡可能保持樂觀的態度。

一般來說，「退休後比退休前更擔心生活費」。退休後，面臨退休金逐日減少的生活，等到可以領老人年金的時候，比較能具體掌握晚年資金流向，或許可以安心些。

俗語說：「坐而言，不如起而行。」亦即，事前想來想去，十分擔心，執行之後才發現出乎意料地簡單。

另外，把悲觀的觀念改成樂觀，比逆向而行要簡單。「改變」聽起來困難，只要依照「想法」去做事，就可以了。

例如，假如你認為「不知能領多少退休金，感到不安」的話，不妨好好盤算一下，了解真正可以領的金額。萬一那時還有房貸未清償，不妨想成「這是我二度就業的動機」。只要你有樂觀的思想，就能開心生活。

別被騙走重要的退休金

以「匯款詐騙」、「退款詐騙」為主要方式，利用電話或其他通訊手段騙取現金的詐騙集團，稱為「金光黨」。

平成二十八年，被詐騙的金額高達四百零六億元。不過我怎麼也想不透，人們怎麼會被騙光退休金？

底下介紹幾個破解金光黨的絕招。

① 預先設計親子之間的暗號

談到錢的時候，一定要說出暗號。由於詐騙集團很可能老早就調查好你的家庭成員名稱、念的學校、出生年月日等留在畢業紀念冊上的資訊，假如你有臉書等社群網站，對方也可能早已藉此知道你寵物的名字、你喜歡吃的食物。所以請盡量選擇如墓地位置、第一次買車時的車種名稱、父母度蜜月的地點等別人不知道的資訊。

② 設置能夠擊退電話詐騙的錄音裝置，錄下通話內容

室內電話請安裝通話時自動錄音的裝置，對方若聽到「為防止詐騙犯罪，本話機將自動錄音所有通話內容」，就會放棄，因此將減少四分之三奇怪的電話。另外即使你在家，也請打開電話留言，先確定對方是誰，再接電話。

③ 不要將名字刊登在電話簿上

某些詐騙集團會從電話簿裡挑名字，看到名字裡有「子」、「藏」等字樣，猜想是年長者，就打電話來詐騙。這是多麼可怕的惡知識啊！倘若沒有刊載的必要，請你要求電信公司從電話簿裡刪掉你的資訊。

以日本而言，你可以打沒有區域的「116」或登錄中心（0120-506309）申請處理（打過去即可受理）。

還有，你雖然不願刊登在電話簿裡，但接受大家利用區號指南（104）查詢的話，可以利用「登錄省略服務」。

④一聽「退款」，就知道是詐騙

「您支付了過多的診療費，將以ＡＴＭ（自動提款機）退款」，其實是騙你操作ＡＴＭ，叫你把錢匯入，購買虛擬貨幣的「退款詐騙」，這種情況越來越多。聽到對方在電話裡說「退款」時，即可認定對方是在詐騙，趕緊把電話掛掉，不要再聽。

運用上述方法，應可確實保護你重要的資產吧。

另外據警局聽取碰到詐騙的人描述，所做的調查結果，有八成被害者回答「我相信自己不會被詐騙」、「我一聽就知道是不是自己小孩的聲音」。這樣的自信，使你聽到假冒兒子或女兒的歹徒說：「再不給我錢就糟糕了」時，立刻失去冷靜的判斷力。

聽被害者的經驗談，幾乎所有人都認為「能辨識自己小孩的聲音」。然而人們本來就不太會只用聲音分辨特定的人物。據心理學研究，其實靠說話方式及音質，僅能構築百分之三十八給人的印象。

請相信，別人的不幸，明天就會降臨在我身上。千萬別太有自信：「我絕對不會被騙」。

應該隨時小心留意啊。

酗酒並非事不關己

或許很多人認為我又沒酗酒，這一項跟我無關。可是現在因為酒精依賴度太高，需要治療的人數日益增加。二〇〇八年只有約六十萬人，二〇一三年則高達一百零九萬人。

請退休前後的男士特別注意。為什麼呢？因為越來越多熟年男士，在退休這段時間酗酒。

酗酒有兩個模式。一個是失去唯一的生存之道——工作，這種失落感使你靠喝酒麻痺自己，不知不覺喝過量。另一個則是，你原本在上班時便習慣喝兩杯，即使工作戛然而止，喝兩杯的習慣卻沒變。後者的話，越來越多人認為，如果酒量好，不影響工作就沒關係，等到發現酗酒時，已經太遲。另外這種類型的人在退休後不上班，酒精依賴度會變得更高。

順道一提，根據久里濱醫院專門治療酗酒門診的統計，初診者當中年長者所占比例，到二〇一二年，十年之間增加了百分之九，達到百分之二十四・三，真的值得大家注意。

我不相信那些自信滿滿地說「我沒問題」的人。為什麼呢？因為，酗酒別名「否認之病」。即使已經到達酗酒程度，本人卻主張「我知道能喝多少，沒關係」或「我沒有酗酒」，不肯停止。

「我發現丈夫退休以後，酒越喝越多。本來想，他已經努力了幾十年，現在多喝一點，應該不要緊吧。可是他現在從早上就開始喝，幾乎沒有清醒的時候。我希望他去醫院戒酒，他卻堅持『免驚』，讓我十分煩惱。」

這便是退休後淪為酒精依賴者的典型案例。「至今都很努力，可以犒賞一下」，很多家人因此不會限制其飲酒量。這個情況持續下去，不論本人或家人都會感到非常痛苦。

一旦罹患酒精依賴症，光靠自己的力量是無法戒除的，必須仰仗醫生控管和周邊的協助、理解，請千萬不可小看此事，要及早應對。

養成寫日記的習慣

六十五歲、剛退休不滿三個月的N先生，每天必做的功課是早上看NHK的晨間連續劇。八點這段時間，他以前上班時，都在擁擠的電車裡搖晃，現在退休了，有時間看晨間連續劇。他開心地說：「真好看，一看就上癮。」

某一天發生這件事。N先生和往常一樣，早上準時八點之前打開電視，但是沒有出現連續劇。

「咦？今天怎麼沒有晨間連續劇？」

他問太太，太太不高興地回答：「今天是禮拜天。拍連續劇的劇組偶爾也得休息一下啊。拍戲的人和櫻櫻美代子的你不一樣，人家很累的。」

N先生利用公司的再僱用制度，工作到六十五歲，退休後沒有二度就業，過著悠閒的生活，可是應該不至於連今天是星期幾都搞不清楚吧。

「罹患失智症的話，『無法辨識時間』是典型的症狀之一，聽說會搞不清楚年號、星期、幾點鐘，難道我得了失智症？一想到可能失智，我整個人就灰心喪志。」

像N先生這樣，退休後什麼事都不做，閒閒待在家，感覺「昨天跟今天相同，明天也跟今天一樣。今天是何月何日、星期幾，沒辦法立刻想起來」的人應該比比皆是。

N先生的情況是，他有「糟糕了」的懷疑，擔心自己是否罹患失智症。不過每天的生活千篇一律，也是事實。長此下去，確實會讓大腦開始衰退。

我想幫助他脫離這麼危險的狀況，於是建議他養成寫日記的習慣。寫日記是「三分鐘熱度」的代表，相信很多人都有「試過很多次，但不成功」的經驗吧。原因在於提不起勁、無法持久。不過，變成三分鐘熱度，說不定是因為你太努力了喲。

你認為，寫日記一定要買專屬的日記本，每天非得詳細記錄下來今天發生的事不可。這個想法或許是使你無法持續的原因呢。寫日記的本子可以用大學的筆記本、一般記事本，內容則只需數行當天印象中的事情即可。

當你寫完，請看看昨天、前天寫了什麼。於是你便會發現，其實每天都不是「昨天和今天一樣」呢。在看似平凡的日子裡，還是會碰到偶發事件，遇見新的人和事物。

為退休後體重增加煩惱的人，建議你把每天吃什麼東西、每天早上的體重記錄下來。用這個名為「記錄減重」的瘦身法，只需記錄下來，便有減重效果。

也許你不相信，記錄減重其實是運用了「人的行動若被監視，將可獲得改善」的「霍桑心理」。利用記錄吃的東西和體重，產生「這樣對身體不好」、「吃這個體重會增加」這樣不可思議的意識。

不管你要記錄吃什麼東西，還是今天發生什麼事，養成寫日記的習慣，你將把平淡流逝的時光，變得精采有趣。請用寫日記，嚴防退休後懶散度日吧。

第三章

如何讓生活「鬆緊有度」

17 不必強求「生命的意義」

你心目中「生命的意義」是什麼呢？如果答案是「工作」，那麼你生命的意義，將隨著退休而消失。

近年進入晚婚化，即使快退休，也有人回答生命的意義是「小孩」。不過，孩子總有一天要離開家。或許你會感覺寂寞，但這是你們彼此的幸福。請切勿認為「既然是我生命的意義，就得一直在我身邊」。

換句話說，有些銀髮族會因為失去「生命的意義」，難耐失落感，拚命尋找新的生命意義。然而「生命的意義」沒有那麼簡單就能找到，「連一個生命的意義都找不到，我真的是太差勁了」、「沒有活下去的動力」，逼自己陷入絕境的人屢見不鮮。

像這樣因為找不到生命的意義而焦躁、難耐不安的精神狀態，稱為「生命意義症候群」。

有了這樣的心情，以至於你常在電視或報章雜誌上看到「我當志工司機幫機構開接駁車。工作很辛苦，但獲得職場上沒有的滿足感」、「為了預防老年失智，我開始學電腦，現在是講師，跟學生碰面時最快樂」的故事，因為他們無法允許自己什麼都不做。

當然這些人做的事很棒，本人也找到生命的意義。但正因如此，我才說，他們是否陷入「不允許自己什麼都不做」的窘況了呢？

越來越多年長者被「我得有偉大的生存意義」的強迫式觀念所困，忙著取得根本沒興趣的資格，即使不願意，還是參加公益活動。不過因為這些並非自己最初所望，長時間持續會感覺辛苦。強行繼續，生存意義反而變成壓力囤積。

原本，生存意義即為「讓自己感到值得活下去的事」和「有活下去的喜悅和幸福感的事」，用不著宣告眾人「我今後將以某某為生存意義而活」。因此不必找多麼偉大的意義。

說句極端的話，假如你認為「週末去賣場逛街買東西最快樂」，這點便可以成為你的生存意義。而「慢跑之後流一身汗，邊喝啤酒邊看電視，實在太幸福」，也是很棒的生存意義。

可能各位在上班時，有過必須出席接待客戶的高爾夫球賽，或突然被叫去出差，儘管你不願意，卻不得不做的經驗吧。但是退休以後，沒有人強迫你，你只要把想做的事，當成「生存的意義」就好。

即使是「想做的事」，但如果打擾到家人、鄰居，例如發出噪音，當然是不可以的。此外，假如想做的事是「想睡多久就睡多久」，啥事不做，整天睡覺，這種妨礙健康的生存意義，我也反對。適度與人接觸、活動身體、保持健康，這些通通可以稱為「生存的意義」。

當然，對社會有所貢獻或自我鑽研之類的生存意義，非常偉大，但必須自始至終以「自發」為前提。若非自發，很可能「做不下去」、「無法繼續」，導致半途而廢。

以陳年紅酒為目標，不做枯萎老人

從前，每個人家裡都有嚴厲老人，不管多疼孫子，只要孩子做錯事，就會開罵。他們嚴格執行家教，是「有點恐怖的爺爺奶奶」。然而，現在這樣的老人似乎變少了。

相反地，現在越來越多老先生、老太太一看到孫子，就給零用錢，孫子把重要的東西弄壞了，也不會責罵或生氣。簡單來說，「把孩子給寵上天的爺爺奶奶」增加了。

特別是退休以後有空閒的時間，很多年長者為了多跟孫子見面，卯足了勁兒地寵小孩。

剛剛提到「寵小孩」，大概是基於「怕孩子和孫子不開心」、「想讓他們喜歡自己」的心理吧。不過這樣只會建立彼此的利害關係。

所謂利害關係，是「因為給很多錢，所以喜歡。沒給錢的話，見不到也無所謂」或「不罵人，所以喜歡。愛罵人，就討厭」這樣冷淡的關係。

或許有人斷然地說：「只要愛孫常來，怎樣都無所謂。」不過他們心裡應該明白，「這麼做，其實對孫子不好」。家人之間原本就該靠親情維繫，而親情裡面包括責罰。

建議大家不妨趁退休，對小孩變得嚴厲些。特別是給零用錢這部分，可以清楚告訴對方：「以後要靠儲蓄過日子，不能再給你零用錢了。」

假如你認為「小孩聽不懂這些道裡」，就太小看他了。其實小孩子擁有比大人還高的理解力，他一定能夠明白。

有人以退休為契機，把零用錢轉換成圖書禮券。這麼做有兩個目的：「盡量減少退休後的開銷」以及「不讓孫子亂花錢」。

聽說某人的孫子剛開始雖然露出不悅的神色，後來利用圖書禮券買自己喜歡的書，現在已經成為小學第一愛書人了。

假如你的孫子因為你不給零用錢就對你冷淡，代表他從一開始就不愛你，只把你當作「錢包」。儘管很悲哀，但這也證明了小孩有很高的領悟力。

小孩其實很柔軟。因此請你趁退休這個機會，不要再做「錢包」，試著和孫子構築新關係，成為傳授知識和經驗給他的人。

隨著平均壽命延長，許多人面臨退休，會沮喪地想：「我的人生就要完蛋了嗎？」特別是男性，認定「人生＝工作」，因此一旦退休，人也跟著枯萎。

然而，澀澤榮一*先生在一百年前便已說過：「四、五十歲還是鼻涕小兒，六、七十歲正值工作巔峰，九十歲若佛祖來接，叫祂回去，等一百歲時再來！」

年紀大並非老朽。我們常把老人比喻為陳年紅酒，可是酒和人不同，酒只能靠味道與稀有保值，人卻隨著年齡累積經驗。把這些累積的經驗流傳下去，才是年長者的使命。

各位要不要回頭做個意志堅定的嚴厲老人呢？

---

* **澀澤榮一**（1840–1931），日本官僚與實業家，推動日本近代化、更新貨幣等多項經濟改革，有「日本資本主義之父」之稱。

為定期出門做準備

在樂齡者的聚會中，聽到某位男士退休後的感想：「上班時每天在擁擠搖晃的電車上想：『假如能悠閒地待在家，多好！』『每天都是星期天，該多幸福！』實際上退休之後，每天待在家裡沒事做，時間太多，反而懷念起以前每天通勤上班的時光。」這種感覺恐怕每天在擁擠電車中通勤的上班族，無法想像吧。

特別是男性，跟有閨密、有在學習某項嗜好、擁有開闊世界的女性不同，很多人只為工作而生，「就算外出，也沒地方可待，只好留在家裡打發時間」，於是淪為退休難民。

如果有人說「我每天都出去」，問他去哪裡，多半回答附近的圖書館、賣場、卡拉OK店；而且去這些地方是為了打發時間，不可謂過著「充實的生活」。

我建議各位，退休前先準備好可以定期出門的規劃。聽到定期出門，恐怕最先浮現腦海的是文化中心的課程。男性當中，對於在文化中心「上課」，感到吃力的人應該不少吧。

男性「願意跟從上級」的心理，也就是「不論任何人都可以當指導教授」的心理寬廣度，比女性來得小，這便是為何文化中心設計的課程，多半以女性為對象的原因。

那麼選擇不是純粹學習，而是以「取得資格」為終極目標的講座和技術呢？這麼一來，你將不是去圖書館打發時間，而是去學習技術，不但讓懶散的退休生活變得更有意義，還能刺激大腦活化呢。

挑戰哪個資格，固然依你所好，唯獨不要以「為了二度就業而學技術」為動機。不妨想讓生活更充實、為家鄉做些什麼，精神上亦可獲得滿足的資格。

另外，一個禮拜去幾次或選擇週日去健身房，也很不錯。除了去健身房接受教練指導，本身能有「維持體力」、「預防慢性疾病」的目的，那就更好了。

說不定有人想：「我也可以在家裡運動啊。」不過即使為了健康，要做到每天一個人運動仍出奇地困難，因為人會寵溺自己啊。

基於這一點，一旦你加入健身房的會員，有「既然繳了那麼多會費，不好好利用太可惜」的心理做動機，容易維持定期去健身房運動的習慣。

每隔三個月或半年做一次旅行，也挺不錯。可能你認為旅行是浪費的代名詞，不過退休後可以選擇平日或淡季旅行，車資和飯店的住宿費比以前上班時只能利用連假或週末，相對便宜很多。

同時，有了「旅行」這個目的，退休後便知道把錢省下來，生活甘於簡樸。

即使你很長壽，只要維持這些樂趣，就不會變成退休難民了。

打發時間的方法有好有壞

之前我說：「如果只為了殺時間去圖書館，其實並不好。」因為你去圖書館，啥事不做，純粹去打瞌睡而已。如果你為了打發多餘的時間，去圖書館看書的話，我倒建議你養成習慣。

毫無目標地茫然度日，大腦的運作會越來越遲緩。最糟糕的情況是罹患憂鬱症及失智症。

因此，假如你有大把的時間，請盡量做有效的運用。

到圖書館看書是一個例子。有人說：「上班時已經看了很多書。」不過那些書恐怕跟你的工作有關吧。原本只能利用通勤時間和週六週日看書，時間有限，倒也沒辦法，退休以後就可以好好閱讀自己喜歡的書了。

不管你從事哪種工作，假如「除了工作，其他的事一概不知」的話，無法讓人感受到你的魅力。即使從職場上退休，但你還沒有退出人生的舞臺，說不定還可以開啟另一個新的人生，絕不能懈怠於充實內涵、提升自己。為了達到這個目的，請務必多多利用圖書館。

在圖書館裡，請逛逛書架。那是一個可以刺激好奇心的快樂之地。一整面牆的書架上擺滿了書，看起來十分壯觀。你一定可以從那麼多的書籍中，挑選到想讀的書，或是年輕時讀過、現在想重溫舊夢的書。

最近有些銀髮族以白天超便宜為理由，去卡拉ＯＫ店，啥事不做地打發時間。不用說，這也是個「打發時間的爛方法」。既然都去卡拉ＯＫ店，不如好好唱唱歌吧。

唱卡拉ＯＫ不但可以鍛鍊心肺功能，也能提升你的記憶力與想像力，最近還發現有改善耳鳴的功效。另外，能在卡拉ＯＫ店結識新朋友，因此唱歌才是「打發時間的好方法」。

或許有人婉拒說：「我五音不全。」但是最近卡拉ＯＫ店設有開放給少數人的房間或個人包廂，讓你不必在意別人眼光，盡情歡唱。

倘使你討厭唱歌，從圖書館借一本喜歡的書來朗讀，怎麼樣？

當人閱讀時，文字資訊是從「眼↓腦」的單向運行，朗讀則是「眼↓腦↓發聲器官」的往返運動，更可以刺激大腦活化。

還有，我們已知朗讀時，可以活化「鏡像神經元」（mirror neuron）這種特殊的神經細胞。鏡像神經元會聚集在因年老提前衰弱的額葉，只要活化鏡像神經元，就可以維持大腦的高階活動，據說有預防失智症的功效，是讓我們不致淪為退休難民的隱藏版絕技。

曾在某間老人院看見初期的失智症患者，每天朗讀書本十五分鐘，結果一個月後，居然患者陸續出現不用包紙尿褲的現象。

只是朗讀很花腦力，每天只要朗讀十五分鐘就好。其他時間用來輕鬆地唱唱歌吧。

現在開始念大學也不遲

和人一樣，房子經年累月也會損壞。「治療」房屋疾病的是木匠，我家便多虧熟識的木匠師傅照顧。這位師傅年近七十，雖然矍鑠，但已退出蓋房子這類大工程，只接「老客戶拜託修理的小案子」。

有一天我請他來修理陽臺，師傅罕見地聊起他自己。

「我是七兄弟中的老四，算兄弟裡面最會念書的。當時家裡說『沒錢供你繼續念書』，於是中學畢業就跟著木匠師傅當學徒。多虧師傅教導，我後來出師了，不過我一直對『想再回學校念書』的念頭耿耿於懷。結果五十歲那年，我開始讀高中課程補校，取得高中畢業資格。當時我很滿足，可是最近空閒時間變多，開始想去念大學。但我已經七十歲了，念大學會不會太晚？」

他都叫我「老師」，可能誤以為我就是學校的老師，所以找我商量吧。

很可惜，我不是學校的正牌老師，但多少對於了解銀髮族有點自負，因此我告訴他：「一點也不晚。請你務必考進大學，從學士修到碩士、甚至博士吧。」還記得他聽到這句話時，臉上綻放的光彩。

最近頗多大學感覺固定招生不易，但是以前大學只有少數人才能讀，很多社區居民，念完中學或高中，立刻就業，持續工作了五十年。對於失去受高等教育的機會，悔恨不已的人應該不少。

然而，學習永不嫌遲。高中有課程補校、函授學校，大學也深感年輕族群人口銳減，歡迎銀髮族加入。

這個統計數字雖然有點舊，不過依據二〇一一年的調查，超過四十歲的熟齡學生有四千四百人以上，年紀最大的是讀千葉大學碩士班的八十歲老先生，可見銀髮族上課比例確實在增加中。

另外，假如煩惱要付大筆學費的話，現在對銀髮族採取給予獎學金或減免部分學費的大學越來越多，因此這個問題是可以解決的。例如栃木縣的作新學院大學便開設了「銀髮入學」，來念書的人一律學雜費減半。還有日蓮宗*的總本山身延山分設的身延山大學，也規定超過五十歲的人要讀佛教學系的話，學雜費可以減免百分之三十。

倘使你感覺離開學校太久，對能否通過入學考試沒有自信的話，建議你報名廣播電視大學，高中肄業或沒有大學入學資格的人亦可報名就讀。

此外，廣播電視大學之前最高齡的畢業生是九十九歲的加藤榮先生！從《生活與福祉》課程畢業的加藤先生，現在已念完《社會及產業》和《人類與文化》課程，他還表示要繼續進修新的課程呢。跟加藤先生相比，各位即使七十歲，還是年輕「小夥子」哩！

每天無所事事打發時間的人，和開始上大學念書的人，哪一個比較容易身心衰老，成為退休難民？

答案不言而喻。

---

*日蓮宗為日本佛教宗派之一，身延山（久遠寺）為其總本山（該宗派地位崇高的寺院）。

別理會「那麼大年紀」這句話

遊戲中心聽說最近很受樂齡者的喜愛，很多遊樂場正煩惱少子化，沒人使用，因而看中銀髮族市場，許多店家還增設了給年長者使用的遊樂設施呢。

或許有些人聽了，會皺著眉頭，不以為然地說：「都那麼大年紀了，還去遊樂場？」

但我卻認為下這樣的定論是不對的。年長者利用遊戲中心，不單純為了打發時間的消極目的，也有提高身體機能、改善失智症的效果。其效果連思想僵硬的官員也認同，有部分鄉鎮把遊戲機列為預防失智症的專業補助項目哩。

可惜的是，人年紀越大，思想越僵硬。以前討厭的「老頑固」，現在自己也名列其中。假如你不希望這樣，除了別說「那麼大年紀」，碰到任何事，要有先包容的柔軟心靈。被說「那麼大年紀還……」，表示自己不管幾歲，都努力保持著青春活力啊。

比如摺紙，可能有人覺得「那麼大年紀別做」，不過摺紙確實對改善及預防失智症很有效。

因為摺紙會活動與大腦密切相關的指尖。把平面的紙摺成立體作品，不但需要空間概念，還需要注意力、創造力、使用何種色彩的色感，可以活化大腦許多部位。怪不得很多復健中心或老人院都會把摺紙當作復健的一環，效果相當好。

似乎很多人想到「那麼大年紀」，就不敢穿花俏的衣服。的確，灰色或黑色比較暗色的衣服，讓人看起來沉穩，反過來說，就是「沒精神」。年紀大，原本就會越來越沒精神，說不定穿得花俏一點，可以借助衣服的顏色，使你看起來精力十足哩。

我最推薦的色彩是紅色系。請大家想像一下，使用大紅色的夾克或圍巾，會怎樣呢？穿上去的瞬間，心情都開朗起來，也變得很有幹勁吧。這便是氣氛使然。當我們看見紅色，會刺激自律神經，分泌別名「元氣之源」的腎上腺素。

總之，請大家別被「那麼大年紀」這句話迷惑，什麼都試試看。即使失敗，只要多試幾次就好。

該不該養寵物？

前面我們提到「讚美是夫妻間的繫絆」，其實夫妻之間還有另一個繫絆，那就是寵物。

某對七十多歲的夫妻表示，他們靠養寵物更加親密。

「自從退休之後，我和妻子的關係變得很彆扭。怎麼說呢？因為我每天在家裡發呆，簡直成為太太的眼中釘。漸漸地我們開始吵架，妻子甚至離家出走，搬到兒子家住。有一天兒子帶了一隻小狗回家，對我們說：『兩位可不可以和好，一起照顧這隻小狗呢？』起初我們嫌他『突然塞個麻煩過來』，但是自從小狗住進我們家之後，我們有了共同的話題，夫妻倆一起遛狗散步，成為附近有名的模範夫妻呢。」

看起來這位太太似乎罹患了「丈夫在家壓力症候群」。假如他們選擇熟年離婚這條路，很可能兩個人都當上了退休難民，幸好他們中間有條小狗「綁住」彼此。

在醫療領域也有「動物復健」的說法，已知患者跟動物接觸後會減輕壓力，改善失智症。因此，對於不習慣退休後只有兩個人相處的銀髮夫妻，不妨養隻寵物，精神可以因此獲得慰藉。

偶爾會聽到「可是現在開始養寵物，害怕無法照顧到善終」的擔心。確實，貓可以活二十多歲，小型犬也能活十五年以上，依年紀來說，你當然認為，有可能自己和配偶比寵物先走。

儘管如此，仍沒有必要忍著不養寵物。

例如，你可以委託當地的動物管理中心或民間的動保團體接手。受到這些團體保護的動物，很多當主人出意外、無法照顧時，都由機構接手，照顧牠們健康長大。

像這樣委託機構接手照顧貓狗的話，多少可抒解「害怕無法照顧到最後」的不安，也拯救了因無人照顧、必須被安樂死的動物生命。

倘使你住公寓大廈，不方便飼養動物，可以養植物喲！因為植物也是生物啊。需要花時間照顧，「養植物跟養小孩一樣」，很多人的心靈因而獲得充分的療癒。

第四章

老後的幸福靠人際關係

24 儲備豐富的人際關係

我認為，晚年最大的資產是「人」。

各位是否覺得我現在說的主張，和第一章第三篇的「漸漸遠離面子和人情」正好相反？可是，能與你歡度時光的朋友，和工作、人情上不得不維繫的人際關係是不一樣的。

由於工作的關係，我會傾聽許多年長者抱怨他們的煩惱，貼近了解他們的生活。結果發現，晚年過得充實的人，擁有夫妻、子女、孫子、親戚、鄰居、朋友等豐富的人際關係。

雖然很想建立這麼豐富的人際關係，卻無法一朝一夕建構，必須盡早準備，不過……

以男性來說，很多人以為「反正工作上認識很多人，沒問題」。其實這樣不算是豐富的人際關係。我接下來說一個故事吧。有一位知名銀行分行的經理，五年前退休，他似乎屬於對此有誤會的那一類。

「還在職場時，我對每年能收到五百張以上的賀年卡感到自豪。然而才剛退休，賀年卡數量便陡然驟減，今年僅剩五十張。我以為他們是我的朋友、認識的人，但其實他們是在跟『○○銀行分行經理』交往。現在回想起來，當初向同事、屬下炫耀賀年卡的數量，實在很丟臉。」

也有人自誇擁有很多人的名片，情況是一樣的。那些人與你只是交換過名片而已的關係，你一旦退休，彼此就沒有任何關聯了。即使你們偶然在街上碰面，你跟對方打招呼，他還會問你是「哪位」呢。

在接受這樣的打擊之前，應先了解「工作上建立的關係通常無法長久」的概念吧。

那麼，怎樣才能建立真正的友誼呢？我建議你聯絡一下以前的老朋友。老朋友的話，可以簡化從頭認識、慢慢深交的過程。即使快退休的人，還是有時間建立朋友關係。

為了和以前的朋友聯繫，請活用電話吧。你們或許仍交換賀年卡，但恐怕很多年不曾講過電話了吧。要不要跟老朋友通電話？不用擔心「沒有話題」，不妨直接說：「有點想念以前的一切，打電話來問候。你最近好嗎？」

可能有人回答的聲音，聽起來有點彆扭。這時你只要說：「突然打電話過來，真不好意思。」把電話掛掉就好。千萬不要深究。嘗試數人之後，總有人聽到你的電話，露出欣喜的態度吧。試著跟這樣的人深交，建立無可取代的摯友關係。

假如你無法鼓起勇氣突然聯絡多年不曾講過電話的人，參加同學會亦不失為一個良方。

很多人以工作失敗、在學校被霸凌等為理由，多年不曾出席同學會。可是大家都老了，也累積了豐富的人生經驗，不妨把過去的芥蒂通通拋諸腦後。有些你當時看不順眼的人，說不定和你有「相同年紀、共通煩惱」，能成為出人意料、臭味相投的好友呢。

不論何時，你都不必對事業失敗感到自卑。為什麼？因為現在大家都退休，通通失業啦。

利用志工的世界開拓眼界

我大約三十年前到美國留學，當時令我印象最深刻的就是志工服務風行。連在醫院忙碌的員工，下班後也參與志工活動，小孩和家庭主婦在醫院幫忙的情況更司空見慣。

可是各位若參考英國公布慈善團體的「世界志工服務指數」，便可發現日本人對志工有興趣、積極參與的人數其實非常少。

二〇一四年日本在志工服務的排名，一百三十五個國家當中排名九十。而美國則排名第一，怪不得感覺差距甚大。

依據內閣府調查，「做過志工」的人數大約停留在三成左右，甚至連「在東日本大地震後，開始接觸志工服務」的人也僅只百分之三．四。

日本人為什麼不積極參與志工服務？經食品廠商朝日集團控股公司（Asahi Group Holdings, Ltd.）的調查，多數人的回答是「忙於工作或家事，沒有時間」。

如此說來，退休後有多餘的時間，是做志工的絕佳時機。

日本已進入史無前例的超高齡社會。據內閣府的試算，目前四個人當中有一位高齡；到二〇三六年，三個人裡面就會有一位高齡。

幸運的是，日本人不只「平均壽命」長，連日常生活無障礙的「健康壽命」也跟著延長。我認為未來的日本，應以建立高齡幫助高齡的社會型態為目標。

我強力推薦大家參與志工活動，還有一個理由，那就是志工可以讓你獲得比一般工作更強烈的動力及生存意義。

當我們做某件事，光聽別人說「謝謝」，就已經很高興了吧。換句話說，人即使沒有得到金錢報酬，也能因此獲得極大的滿足。

我也有無償行醫、在地方城市做整合心理諮詢的經驗。不管哪一個都很辛苦，不但身心筋疲力竭，經濟方面也是自掏腰包。可是我卻感到不可思議的滿足。這個經驗讓我充分了解，當志工是為了自己，確實「施比受更有福」。

當然，「退休後還有房貸和子女教育費要支付，光靠年金無法過活」的人，必須為自己和家人拚命賺錢。但對於可以獲得相當高額的退休金或有其他收入等、退休後生活基礎安定的人，每天光是玩耍度日，只會導致大腦和體力衰退。與其如此，不如認真思考從事志工這個「新工作」，獲得周圍的讚賞吧。只是，一旦開始志工的工作之後，請千萬留意，不可以有「既然出自好意，那就隨我高興」、「我施捨你」的心理。

志工和上班一樣，都屬於社會活動，光靠你一個人，絕對無法達成；同時也絕對不是施捨。所以懷著責任感參與志工活動，非常重要。

先從有償志工開始吧

「使別人幸福，就是最大的幸福。」

這是瑞士哲學家阿米爾（Henri Frédéric Amiel）的話。很多人都以為，「一定要有所得，才會幸福」，但如前所說，你做志工時，將會發現這個觀念是錯誤的。而且，做志工確實可以獲得使銀髮族不致淪為退休難民最重要的兩大因素：「生存意義」和「自我價值」。

當然有些銀髮族可能想：我雖願意為他人貢獻，但如果連交通費、餐費，一切費用都得自付的話，恐怕吃不消。

這便是大多數人對志工的誤解。其實不是所有志工都無償奉獻，仍然有些是有償的，可以獲得某種程度的酬勞或由對方負擔經費。

例如「青年海外志工團」和「無國境醫師團」，便是最典型的有償志工。在日本國內，也會因為地震、水災等災害，由受災地區或地方政府招募志工，提供住宿、餐飲。嚴格地說，這算是一種有償志工。也就是說，所謂志工並非「無償服務」，而是有「為別人服務的心情」。

當然也不是「好啊，知道了。只要對方肯出交通費，我就去」。做志工必須要有「即使對方沒要求，吾亦往之」的心理準備。

倘使你不知道自己可以做什麼，不妨先登錄地方的「樂齡人才中心」。樂齡人才中心是縣市政府認可的社團法人，提供各種服務：從做簡單的家事開始，到除草、修剪庭院樹木、清潔冷氣機、更換被褥、陪同到醫院看病、購物等等。

各位如想到樂齡人才中心工作，必須先登錄成會員，條件如下，十分簡單，只要你願意，絕對沒問題。

①原則六十歲以上，身體健康，有工作意願者

②接受入會說明

③繳納規費（金額因地不同，通常年費為一千到三千元）

只要有工作，就會有工資，平均每個月大約三到五萬日幣。不但工作有酬勞，更重要的是進入志工的敲門磚。獲得比金錢還重要的生存意義，你就可以遠離退休難民。

27 學習吸引人的說話方式

有些人人品不錯，卻交不到朋友。分析理由，發現他們說話的方式有問題。接下來介紹幾種吸引人的說話方式，請大家選擇適合自己的，做做看。

① 留心交談時的互動

幾乎所有人在與人交談時，都只顧著說，忘了傾聽。可是對方也只忙著說，不想聽，這麼一來，當然感覺互動很差。假如你想跟某人深交，就算對方只是在抱怨，也要耐心聽完，這點非常重要。

②說話的速度要慢

某位久違的名演員再度出現螢光幕時，我發現一件驚人的事：他說話變得口齒不清。受到年紀影響，任何人都無法避免這個情況。這時說話速度太快，大家會聽不清楚，不妨刻意慢慢地說。據說一分鐘說四十個字，這種速度對方聽得最清楚。請平常利用讀報紙或雜誌，練習放慢速度吧。

③不要否定對方的話

老是否定對方說的話，這樣的談話肯定不愉快。即使你心想「才不是這樣」，也不要說出口，先說「真的耶」，接著說「不過……」。這種說話方式讓對方認為「原則上贊同我的意見」，即使你提出某些不同的看法，對方也不會不開心。

④ 記住對方的名字，盡可能稱呼名字

大家都知道，用暱稱叫對方，會拉近彼此的心理距離。應用這種心理，不妨以「○○先生，早安！」來打招呼。不過女性碰到不熟的人，不喜歡對方頻頻稱呼自己名字，這點尚請大家注意。

⑤ 多點頭和應和

談話時，我們常點頭說「嗯嗯」，或者應和對方「沒錯」，這些應和一般是下意識的動作，可是倘使刻意去做，可以拉近彼此的距離。根據美國心理學家馬塔拉佐（Joseph Matarazzo）的實驗，交談時如果對方點頭的話，發言量會比沒有點頭時增加百分之五十。因為對方點頭，讓你感覺說話很開心，相對地，你在對方說話時點頭，也會讓他對你產生好感。

28 不必勉強夫妻擁有共同的興趣

曾經聽某位律師提起：

「我知道很多熟年夫妻離婚的理由，其中特別有感的是『丈夫已經濡濕落葉化』。落葉濕了，掉在地上，就會黏著地面，很難用掃帚清掃。好不容易掃起來，落葉又黏在掃帚上。退休後的丈夫，就像濡濕落葉般地黏著妻子。男人認為，這是為了之前忙於工作，疏忽妻子的補償；女人卻頗感困擾，甚至無法忍耐。」

從上面這段話，我們發現，可能男性在推測對方心情這部分，能力比女性差。然而男性若仔細思考，應可了解女性的感受。

幾十年來總是保持距離的人，突然黏著自己，確實會感到壓力很大。不妨想一想當初約會的情形。你會突然拉對方的手或強行接吻嗎？應該試著慢慢地縮短彼此的距離吧。同樣地，退休後也要慢慢縮短彼此的距離。

為了成功縮短彼此距離，最有效的方法是外食。首先嘗試利用結婚紀念日、生日等節日，邀太太到高級一點的餐廳吃飯。

即使想表達長久以來的歉意和謝意，也不要像濡濕落葉般地黏著妻子，而是要花心思，調查對方喜歡或想去的餐廳，先訂位，當天再讓她感受到如女王般的款待。

豪華餐飲對於構築人際關係很有效，這點在心理學已獲得證明。所謂「奢華技巧」恐怕很多上班族在接待客戶時，有過類似的經驗吧。請利用這種技巧，與尊夫人再構築良好關係。

假如你認為：「退休後一起在家吃飯的機會增加，需要刻意上餐廳嗎？」那可就大錯特錯囉。因為就算在同一張餐桌吃飯，你們不經常是一邊看電視，一邊吃飯嗎？僅只嘴上說「開動」或「吃飽了」，這樣是無法再構築夫妻關係的。

找一家好吃的餐廳，一邊吃飯一邊閒聊，多少可以填補之前的空白。

假如找不到話題，聊當初花多少時間找到這家餐廳、花多少力氣訂位也行。

妻子若能明白「原來先生為了我，特別選這家餐廳啊」，一定會很開心。

只要兩個人外食的機會增加，自然就能順暢聊天。

或許很多男士想：「以前只知拚命工作，退休後隨我高興。」

我們終究會到退休年齡，離開長期工作的職場，這是不爭的事實。但是身為專業家庭主婦的妻子，大半生忙於家事和育兒，請你不要只想到自己隨心所欲，也給予她們做自己喜歡的事的權利。

然而，恐怕很多男士沒想到這一層。之前提過那位打算住鄉下的先生說：「很多年長男士想搬去鄉下住，但是太太卻抱怨『想住都市』、『鄉下不方便』。這樣的夫妻，多半等先生先離世後，留下並不想住在鄉下的太太，一個人大嘆『住不下去』。」

還有一種男性，擅自要求妻子配合他的興趣。「我的夢想是，跟太太一起開著露營車，到全日本旅行。所以在退休那天，買了輛露營車回家，原本以為妻子會開心，不料她卻暴怒，還說：『你想旅行，我們可以出國去玩，我不想坐這種爛車！』結果我只好立馬拋售，損失了一百萬以上日幣。妻子聽到這件事，又生氣地罵我：『你真是太浪費了！既然買了車，就開車出去玩啊。』」

常在電視或雜誌上看到「為了夫妻退休後和睦相處，最好要有共同興趣」這類的話，但這樣並非「我們一起玩這個」、「配合我的興趣」，如果強迫夫妻要有共同的興趣，反而會使兩人的關係產生摩擦。

不可以勉強對方配合你的興趣。例如很多男士退休之後，到妻子原本的健身房運動。可是這時妻子已經是健身房老鳥，不管游泳還是瑜伽都很拿手，並不願意跟丈夫上一樣的課，但是拗不過丈夫，只好來上初階的課。

做勉強的事，對身心不好。丈夫很可能知道妻子心意，先發制人，不理指導員，逕自報了高階課程。結果扭傷腰，不能動……

當然妻子可能會同情你，也可能抱怨：「都是你，害我不能去健身房。」

剛剛都舉不好的例子。其實在我認識的人當中，也有丈夫喜歡出國旅行，太太卻怕搭飛機的銀髮族。別人怎麼都不看好，當事人卻過得開心。

詢問他們相處的祕訣，答案是「不約對方」。兩人只共同決定何時出發、何時回家，丈夫出國玩的這段期間，太太在國內旅遊，一樣享受旅行的樂趣。同一天回家後，再分享彼此旅遊的點點滴滴。

我想，像這對夫妻各自享受不同的興趣，也挺不錯呢。不過請注意，無法配合伴侶興趣，與不關心另一半的興趣，是截然不同的。

尊重對方的興趣，保持距離感的同時，持續「怎樣，玩得開心嗎？」的關心。

我認為，夫妻若能保持這樣的關係，應該永遠幸福美滿吧。話說回來，丈夫很容易變成「濡濕落葉」，請努力跟太太保持適當的距離。

29 建議大家熟年戀愛、熟年結婚

以前人常說：「結了婚才會長大。」可是，最近卻越來越多人選擇「不婚」這條路。

調查到五十歲未曾結過婚者所占的比例，稱為「生涯未婚率」。二〇一五年「生涯未婚率」中，男性約百分之二十三．四，女性則是百分之十四．一。再來看一九八〇年，男女未婚率分別是百分之二．六與百分之四．五，由此可見不結婚的人數變多了。

日本現在進入超高齡社會，但同時也進入極度的超獨身社會。

再加上銀髮族面臨離婚或配偶過世，獨居的人數增加。六十五歲以上獨居者，二〇一六年超過六百五十萬人。

年輕時主張「一個人逍遙自在」、「只要有朋友就不寂寞」的人們，終於到了快退休的年紀，想給孤獨的自己找個伴。歷經離婚或死別，突然獨自生活的人，這種心情恐怕更強烈吧。

從到交友平臺登記的銀髮族比例增加，可知大家之前認為「一大把年紀幹麼談戀愛（結婚）」的觀念已經有所轉變。據說交友平臺登記會員中超過六十歲者逐年增加，甚至已超過總會員的一半。

可能有人仍對熟年戀愛及熟年結婚有所抗拒。不過，想要在人生的黃昏，找到共度充實一天的伴侶，這樣的心情一點也不可恥。自然產生這個想法的人，表示你的人生還很漫長，應該試試看。

不管多麼美味的餐點，若只有一人品嘗，亦感索然無味。若有說「真好吃」的另一半，人生將多麼美好。

只是，熟年戀愛和熟年結婚，與年輕時談戀愛、結婚不同，倘使無法認知這一點，日後將是彼此齟齬的原因。

例如銀髮族就算結婚，也很難有自己的小孩，只能夠兩個人相依為命。但是至今一直獨自生活慣了，能適應如此緊密的共同生活嗎？將會是個問題。

或許選擇不要住在同一個屋簷下，兩人各自住自己的家，原則上只一起共度週末，這樣不失為開始相處磨合的良方。精神上亦可獲得「結婚了」、「有伴侶」的安定感。

如果其中一方或雙方都有小孩的話，有可能因為「財產分配」，造成很大的問題。

假如你想得太簡單，認為「反正沒多少錢，不要緊」的話，那可就危險啦。為什麼呢？只有自己住的屋子和少許存款的人，一旦過世，遺產繼承容易起紛爭。反倒是財產多的人，因為生前已立好遺囑，死後如何處理財產，通常不會有問題。

自家住宅評估若值數百萬至數千萬，如果對方的家人有繼承權，你很可能被伴侶的親人討厭。

考慮到這種可能性，也可以選擇不到法院公證，採取「有實無名」的婚姻。

單身女郎退休後快樂生活的祕訣

前一項提到的熟年戀愛、熟年結婚，我特別鼓勵男士多多努力。原因是依據各種研究、調查，單身男士比已婚男士，提早死亡的風險較高。

例如，根據統計學家本川裕先生的調查顯示，四十五到六十四歲未婚男性的死亡率，高達同世代已婚男性的二・二倍。另外，順天堂大學和大阪大學的共同研究則指出，未婚男性因心肌梗塞死亡的風險，是已婚男性的三・五倍，因心臟病發作死亡的比率也達二・二倍。

單身男士在心理層面有很多問題，據世界價值觀調查，有百分之四十三．五的人認為自己「不幸福」。至於已婚男性，回答「不幸福」的人，比例不到百分之十，從數據可知，單身男性容易感覺「不幸」。

可能受負面氛圍的影響，五十五到六十四歲的單身男性，自殺率也偏高，據說是已婚男性的二．四倍。換句話說，單身男性退休之後極可能淪為退休難民。

相反地，女性不管已婚未婚，死亡率差不多。當然其中有很多原因，很大的一個因素可能是女性不光顧著工作，交友圈大，因此即使單身也不會感覺孤獨。

這麼說，單身女性面臨退休，就不會碰到問題嗎？應該不是。

一九八六年，日本實施男女僱用機會均等法，至今已過三十餘年。表面上男女工作機會的條件相同，可惜在真實的職場上仍有差別待遇，比如很多公司，女性的薪資較同齡男性低，也很難升遷為主管。關於這一點，直到今天全日本仍有相關的法律訴訟進行，足以證明。

薪資差別不但使生涯收入不同，更影響到退休金以及退休後厚生省給付的年金多寡。資金不夠，無法充分運用在股票投資和資產運用上，看起來退休後只能靠退休金和年金生活，我認為單身女性比單身男性，對於退休金及年金的金額可能更神經質吧。

剛剛提到單身女性由於交友廣闊，不太感到孤獨。不過，想維持原本的交友模式，就要花錢，宜盡早在退休前做好規劃。

另外，單身女性要注意健康，並且做好萬一生病、不能行動時，如何處理的準備。

即使已婚，由於女性的平均壽命比男性長，因此女性晚年單身的比例相對提高。不論任何人，都有可能在沒有人的家中倒下。

有子女的人想：「萬一發生什麼事，小孩子會來幫忙。」但是他們沒有和你在一起，很難隨時叫他們幫忙或看護。

這時請你記得有民生委員的存在。所謂民生委員是受厚生勞動省的委託，以高齡獨居長者為對象進行支援、諮詢等活動的民間義工團體。只要告知獨居，他們就會每天確認你是否安全，萬一出了什麼事，還可以協助你與福利單位洽談。可謂「遠親不如近鄰」呢。*

---

*在臺灣，可提早認識長照制度的規定，善用長照資源，亦可向民間機構如華山基金會等尋求協助。

第五章

錢的事也須「粗略」考量

31

退休前只需大致規劃財務就好

從全日本寺廟殘留的往生者名冊，可知江戶時代，人們的平均壽命大約四十五歲。可是現在日本人的平均壽命，男女都超過八十歲，是世界上排前幾名的長壽國。

原本長壽是件值得慶賀的事，不過越來越多長者表示：「想到錢不夠用，心情就鬱悶。」會產生這樣的心情，完全是受電視或報章雜誌上「不做下流老人，至少得有四千萬日幣的存款備用」、「想要過悠閒的晚年，必須準備一億日幣」等資訊所害。

其實有錢不一定就能過幸福的生活。依據聯合國調查全世界一百五十六個國家的幸福度後推出的「世界幸福度報告書」中表示，日本的幸福度排行第五十四位（二〇一八年），智利排名二十五，巴西排名二十八，泰國排名四十六，都比日本高。

退休後收入減少甚至歸零，乃是事實。大家對年金制度能維持到何時，也充滿不安。因此，「要有多少錢才能安度晚年？」「需要存多少錢才夠？」有這些疑問是非常正常的。

不過答案沒有一定。有人每個月只靠五萬日幣便過得很開心，也有人一個月五十萬還嫌不夠。那麼即使有四千萬或一億那麼龐大的金額，就不會焦慮「得再多一些」或擔心「八成要做下流老人了」了嗎？

有些銀髮族男士完全受制於雜誌或電視的言論。

「馬上就要退休，得趕快做好財務規劃。當初認為平均壽命八十歲，退休後還有二十年可活。可是我的叔父今年九十五歲，仍十分矍鑠，看起來活到一百歲沒問題。這麼說的話，退休後再活四十年，每個月平均可以使用的金額不到十萬日幣。連三餐減為兩餐都不夠用，前途真是一片黑暗啊。」

像這樣，退休前做詳細的財務規劃，根本毫無意義啊。不怕得罪這位男士，即使你的親戚裡有人長壽，並不代表你自己一定長壽。我們隨時都有可能碰到意外，也許還來不及送醫院就死了。要不就是長期住院，花光所有積蓄。

由於一切都「只有上天知道」，先計算「如果再活四十年……」或「一旦生病，住院費用……」，通通沒用。

這種不安感太強烈時，身體會大量分泌一種叫皮質醇的賀爾蒙，皮質醇又叫「壓力賀爾蒙」，會讓你的大腦功用和免疫力下降。也就是說，對退休後持悲觀態度的話，身心會失調的。

所以退休前仔細盤算一切，只有百害而無一利。不妨先做大致的財務規劃，等實際退休後，再每年調整。屆臨退休，突然說「要存一億日幣」，反正也是巧婦難為無米之炊，倒不如保持樂觀面對就好。

32

快退休前，就要讓生活簡單化

到購物中心或家電量販店，經常可見「有紅利就ＯＫ，免利息」的宣傳品。表面上勸大家，想買的東西趕快下手；另一方面則是，如果勉強買了每個月薪水支付不了的東西，就靠紅利來平衡帳目吧。

最近聽說有些上班族，為了買想要的東西，乾脆兼差呢。

然而年金不是每個月的紅利。對退休後的高齡者而言，兼差賺錢，身體恐怕無法負荷。硬幹的話，萬一身體出狀況，反而會花比收入更多的醫藥費，千萬不可嘗試。因此快要退休的你，必須習慣讓財務不致出現赤字的簡單生活。

例如在職場時年收入是六百萬日幣，把其中的一成，也就是六十萬存起來，僅用剩下的五百四十萬，支付生活上所有開銷。

但是退休後的年金，一般比上述金額少。為了應付年金給付年齡提高，越來越多人在退休後的頭幾年，選擇打工或二度就業。

倘使政府年金加上私人年金，以及再就業賺的薪水，年收入三百萬的話，依照上班族時代的情況花錢，每年赤字將達二百四十萬，很快就要用退休金和儲蓄來填補漏洞，不到十年財務見底。無怪乎很多人哀嘆「就算把退休金全投進去，也無法還清房貸」，因此更加得緊縮生活費不可。

思考一下，以前每個週末上館子，退休後改成一個月一次，原本開的房車改成輕型車。雖然現實生活上無法不使用智慧型手機，但可以換成比較便宜的簡單機種。

或許你可以像這樣，用比較簡單的方法削減經費，不過執行時需要獲得夫妻兩人的共識。

例如女性可能無法體會男性對汽車的看法，建議你不要擅自更換成輕型車。還有，隨便更換為便宜的手機，對方也可能會生氣地說：「通訊資料都變了，聯絡不上朋友啦！」

「我家要削減生活費，老公說：『最重要的是削減電費。』原本跟電力公司約定五十安培，他改成三十安培。結果一開冷氣就斷電、也不能同時使用電子鍋和看電視。幾個月後，只好又改回五十安培。」

這雖然是某位太太說的笑話，相信同樣的案例應該不少呢。

平常把家事交給太太的男士，不只電費，連對水費、瓦斯費等，恐怕所知有限吧。

不知如何節約的人，請看垃圾量。垃圾多代表浪費多，不妨用心將蔬菜全部切了煮，菜不要煮過多，就不必倒掉。這樣應該可以節省很多生活費喔。

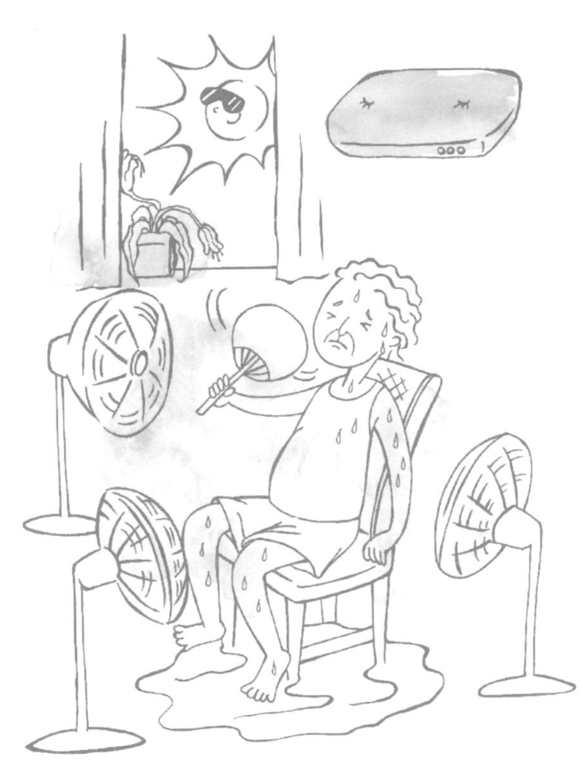

33

即使年金不多，也能快樂生活

即使你不想聽，電視、報紙每天還是不斷提出「削減年金」、「提高支付年齡」、「高齡者醫療費用增加」等話題，怪不得越靠近退休的年紀，大家的心情就越鬱悶。

另一方面，世間也有很多年長者領高額年金，過的生活比上班時還要奢華。他們不是住上億豪宅，而是住價值上億的超高級老人院。看到這些人，恐怕你會想：「虧我一直很努力，為什麼卻這麼辛苦？」

但是，換個方向思考呢？努力不代表辛苦，做事也可以很快樂。這麼想的話，心情立刻開朗。

我這麼說，可能會被讀者罵：「別說不負責任的話！」但我想介紹美國行動分析學家史金納（Burrhus Frederic Skinner）獨特的心理實驗。

史金納將受試者分成兩組，其中一組準備了最好的環境、另一組則準備了最差的環境。

假如前者說「想打網球」，就用高級車接送去網球場；說「肚子餓」，立刻送上豐盛的料理。但是對於後者，卻不給予任何協助。

六個月後調查兩組的生活狀況，前一組的人員每天不論白天黑夜都在睡覺，每個人都顯得萎靡不振。後一組的人，大家各自貢獻智慧，一邊努力一邊享受生活的樂趣。

的確，沒人嫌錢多。錢越多，過得越奢侈。然而，處於這樣優渥的環境，人漸漸變得不用腦思考。

同時，一旦沒有金錢限制，任意攝取食物、菸酒的話，對體力和內臟功能下滑的年長者，可能造成縮短壽命的後果。

如此不能算是幸福晚年，簡直跟退休難民一模一樣呢。我覺得，人生正因有負面因素，才能成長、體會人生趣味。各位認為呢？

常言做人要「知足」，中國哲學家老子說「知足者富」，意思是：「知道滿足的人，即使物質缺乏，精神上也很富有。」

想要這個、又想要那個，欲望沒完沒了，才是不幸。即使退休金和年金比預期的少，想「開源」卻無源可開時，不妨想一想：如何在有限的額度內生活。動腦筋想如何節流，還可以順便活化大腦喔！

只要你有「現在這樣已經足夠」的想法，就能每天過快樂的日子。

最近有很多地方提供銀髮族折扣，建議年長者多多利用，這便是花小錢享樂趣的祕訣。每天動腦筋過日子，別讓大腦生鏽了。

34 夫妻各自有零用錢的想法

依照總務省統計，銀髮族中有八成只靠年金生活。這表示，老年人不再如上班時那樣收入逐年增加，因此很多人提出「盡量不掏空積蓄」的想法。

這個想法雖然重要，但事實上，錢財生不帶來，死不帶去。

因此唸著「不論如何都要縮食節衣」的咒語，過苦行僧般的節儉生活，這個做法值得商榷。為了節省電費，不看電視，連過年，全家也只吃一菜一湯，這樣沒有樂趣的生活，無疑是另一種退休難民啊。

或許你會挑毛病：「剛才不是說，要『簡單生活』嗎？」

不對。我說的簡單生活是：不可以花錢如流水。之前提過，做任何事都要鬆緊有度。開心地花錢，是感覺生命有意義的重要項目，缺了的話，你將不知為何而活。

在此我有一個提議，不如在生活費之外，加上零用錢的項目，同時最好夫妻能夠各自有零用錢。就算長年相伴的夫妻，也有不想告訴對方、卻想買的東西吧。這時如果有自己的零用錢，就能放心購買。

有對夫妻沒把零用錢分開，結果大吵起來。這對夫妻從以年金過活那天開始便商量好，每個月除了生活開銷，還有共用的零用錢，預算三萬元，由妻子負責管理。

前幾個月都沒問題，有一天從前的朋友邀丈夫打高爾夫球，丈夫拜託太太：「從零用錢裡拿五萬給我。」兩個人因此開始吵架。

「我們不是說好，每個月的零用錢三萬嗎？怎麼可能給你五萬？」

「可是我之前幾乎都沒用過零用錢啊。那些錢一定都存起來了。」

「沒用的零用錢也拿來買食物了，現在一毛也沒剩！」

這對夫妻幸運的是和女兒女婿同住，女兒聽到父母在吵架，跑到雙親的房間勸架。當她聽到兩老吵架的原由，驚訝地說：「既然如此，為何不一開始就各拿一萬五千元的零用錢呢？那麼不論要存起來還是花光，都隨自己高興啦。」他們聽從女兒的建議。

結果聽說丈夫先存了三到四個月的零用錢，再去打高爾夫球，妻子也可以毫無顧忌地花自己的零用錢了。

為了不做可悲的退休難民，保持嗜好很重要。有了零用錢，就可以自由衡量怎麼花用了。

35

資產管理的資訊要和伴侶共享

退休後必須思考資金如何運用，儲蓄或投資的金額都要清楚詳細。還有一點不可或缺的是，夫妻必須共享資訊。

不管哪個家庭，都會有兩三份銀行存摺吧？可能連股票帳戶和投資信託的帳戶也不只一個。因此無法全盤掌握綜合資訊者，出乎意料地多。

誤以為自己擁有比實際多資產的人也很多，例如實際只有三百萬日幣，卻以為有五百萬，放心地亂花錢。等突然警覺時，愕然發現存款已經見底。

建議大家每個月記一次帳，確認到目前為止還有多少儲蓄。存摺、印鑑、提款卡也要放在固定的地方，以防萬一配偶倒下，卻因領不到錢，無法讓對方就醫，產生困擾。

恐怕各位和家人沒有住院的經驗，所以不知道，當你住院時需要有保證人及繳交保證金。保證人固然是配偶，但保證金呢？每家醫院需要繳交多少保證金，各自不同，大概五萬到十萬之間。問題是某人突然倒下，卻無法提出健保卡的話，保證金還要再加十萬到十五萬，「要是沒配偶的話，存款就不會大失血了」，這個情況著實傷腦筋。

現在越來越多人透過家用電腦或智慧手機，利用網路銀行處理一切事務。可是網路銀行沒有存摺，家人也不知道你的帳號。萬一本人身故，很可能無法領出存款。

對於存款帳戶還有一點需要注意，那就是夫妻最好各自擁有自己的帳戶。為什麼呢？因為金融機構一旦得知有人死亡，會立刻凍結當事人的郵局帳戶、銀行帳戶及股票帳戶。

即使丈夫或妻子亡故，剩餘的家人還是得繼續生活，葬儀費用也得支付。可是不論死亡的是丈夫還是妻子，共有戶頭的話，一旦凍結，就無法從帳戶提款。換言之，剩下的家人將面臨斷炊之虞。

解除凍結帳戶，需要已故者的戶籍謄本、全部繼承者的戶籍謄本、印鑑證明、遺產分割協議書等文件，倘使這些文件有問題，解除凍結可能拖上數月之久。因此至少要把這段時間的生活費，存進丈夫或妻子名下的帳戶中。

不過假如當事人為了逃漏遺產稅，把財產過戶給家人，極可能被判定是「名義帳戶」，還是有可能被凍結的，這點尚請注意。

另外除了存款及投資，夫妻也必須共享保險資訊。保險雖然是「防止跌倒的拐杖」，但有些保險金過高也是事實，特別是退休後收入驟減，保險金往往成為沉重的負擔。

某位家庭主婦說過：「丈夫不久即將退休，我們重新檢討保險內容，發現裡面有許多項目重複。把重複的保險解約，每個月多出一萬元以上呢。」

最近有免費修改保險內容的窗口，請大家在檢查的同時，也共享資源。

一旦退休便用不到金卡

曾經聽過這段話：

「為了紀念退休去國外旅行時，在飯店櫃檯看見這個意外的景象。這間旅館似乎很受日本觀光客喜愛，所以有很多日本人在櫃檯前面等著登記住宿，這時我看見一位時常在電視出現的富翁，拿了一張並非金卡而是普通信用卡給櫃檯人員。我當時心想：『從今天起不必炫富，我也可以把金卡給停了。』」

這個人會吃驚，是因為他認為：「有某種社會地位的人，不是拿金卡，就是白金卡才對。」的確，還在職場時，可能有此必要。

然而，金卡或白金卡的卡費，需要一到三萬日幣吧。退休後花心思節省，取消金卡，換成普卡，不失為一個好主意。甚至可以考慮在退休後，盡量不用信用卡呢。

我會提出這個方案，其實是發現去精神科診療「購物依賴症」的人越來越多的關係。

買東西時很開心。有的女性看到喜歡的鞋子，興奮得心跳快了兩倍呢。再加上年長者沒什麼人可以話家常，也有人表示：「跟店員聊天很開心，還被讚美，不管多貴都買下來。」

假如「想再一次享受購物的興奮」、「想被店員讚美」的念頭太強，就變成購物依賴症。

我想提醒各位的是，「喜歡買東西」和「購物依賴症」大相徑庭。購物卻不影響生活的話，只是單純的「喜歡買東西」；但如果造成生活上入不敷出的話，就變成「購物依賴症」了。

退休後，購物依賴症特別容易發作，因為突然有了一大筆退休金，感覺自己像富翁的緣故。有人起初是為了「從以前便夢想擁有○○」的目的而購物，但是刷卡不像付現金，沒有真實感，結果變成大暴走。

雖然現實上無法將所有信用卡解約，不過退休後只保留一張信用卡，我想，已經足夠。

37 養成別帶太多現金在身上的習慣

我雖然強烈建議大家「退休以後盡量不要再使用信用卡」，不過在日本，積極使用信用卡的人，不到總人口的四成。

這恐怕是依據全年齡層分析的結果吧。

詢問周遭的人，發現年輕人大多不帶現金，習慣使用信用卡付費。

另一方面，屆臨退休的樂齡族，則幾乎很少用信用卡，他們喜歡隨身攜帶現金，以求心安。

我對於「總要帶著足以安心的現金出門」這件事耿耿於懷。因為一旦荷包滿滿，人便闊氣起來，連不需要擺闊的場合也搶拿帳單，說：「別擔心，今天交給我！」

順道一提，「擺闊」其實是在展現「自己比較優秀」，是一種帶有優越感的行為。在職場時，你很可能會請晚輩客，但是退休之後，你們已經沒有從屬關係，再擺闊請客就是愛慕虛榮了。

而且等退休金進了戶頭，感覺自己富有起來，「我來買單！」的心情益發強烈。不過錢這種東西，存起來需要很久時間，花起來卻是一眨眼功夫，所以請你盡早改掉愛擺闊的習慣吧。底下這個六十九歲女性提到「備用錢包」的概念，值得大家學習。

「我希望能盡量不動用退休金，光靠年金生活。因此錢包裡的現金最多放五千元。因為沒用信用卡，朋友問：『這樣會不會不安心？』為了以防萬一，我準備了一個備用錢包，裡面藏了兩萬元，心就安了。我差不多有五年的時間帶著備用錢包出門，但是真正只使用過兩三次。只要帶著就覺得心安，這點推薦給使用現金的銀髮族參考。」

以前旅行的人為了防萬一之需，會把錢藏在衣領裡。就現實面來說，現代人不可能把買的衣服拆開，把錢藏進衣領，不如另外準備一個錢包，放點錢。平常出門時假裝沒這個錢包，不用擔心手頭太鬆、散財。請大家務必試試看。

38

別被保險和投資的數字迷惑

有人被數字迷惑，感到非常後悔。

「以退休為契機，修改了新的壽險。當時保險公司的業務員提出A、B兩個方案。我本想採用比較便宜的A方案，可是業務員說：『一天只差兩百元而已。』我被他的話迷惑，採取了B方案。的確，兩個方案一天只差兩百元，一個月卻多了六千元，一年要多支付七萬兩千元以上啊。如今後悔莫及。」

「一天兩百」和「一年七萬兩千」，相同的金額，說法不同而已。可是假如你聽到「一年要交七萬兩千元」，會感覺「太貴了」。但是換個說法，「一天才兩百元」，就感覺「差不多」。這是細切數字，降低心理負擔的具體應用。也就是，讓人感覺便宜、易於接受的心理作用。

雖然好像在騙小孩，不過這種手法在行銷上非常有效。退休後靠年金生活的你，請務必小心別被數字迷惑。

預防的方法很簡單。當你聽到「一天差不多〇〇元」的時候，趕緊乘上三十，甚至三百六十倍。如此就會明白「什麼！差這麼多」，抑制你的購買慾。

有人付不出來，只好解約。也有的投資者受數字迷惑，財產盡失，做了退休難民。請大家務必多留意。

以前做過投資的人就會明白，假如只賺五萬元，一般人會覺得賺太少，可是損失五萬元的話，則會直冒冷汗。怪不得有那麼多人會急著賤價拋售了。

儘管獲利和損失的金額相同，但在人的心理上，對損失會留下深刻的印象。而且人一旦蒙受損失，反而更容易做出冒高風險的行為。

外行人很難從高風險、高營收的投資中獲取利益。繼續投資的話，很可能連辛苦得來的退休金都會轉瞬消失。為了保住退休金，還是別被數字迷惑的好。

第六章

不論何時都擁有「健康身體和頭腦」者的共通點

39

應該隨時考慮到健康嗎？

電視充斥著大量的健康食品廣告，家裡的信箱也每天塞著健身房的傳單，這點便是很多人希望延緩自己的身心老化、永保健康的證據。

我也認為，希望自己能夠精力充沛，多做努力這一點沒錯。不過太怕老化的話，就不對了。

有位六十四歲的男士告訴我：「我家附近開了家購物中心。我跟妻子去逛，發現有一大塊區域屬於健康食品，還排列擺放著血壓計、血管年齡測定器、壓力檢測器等。由於通通免費測試，就想來檢測一下，結果我的血管年齡比實際大三歲。看到這份報告，我的太太反應過度，接下來的日子，每天讓我吃洋蔥沙拉，味噌湯也非常清淡，結果吃飯變成苦差事。早知如此，當初不如別檢測的好。」

他雖然感謝妻子關心他的健康，但是菜餚變成貨真價實的「淡而無味」，一定很痛苦吧。

簡單來說，血管年齡表示動脈硬化的程度。可能太太知道，動脈一旦硬化，容易發生狹心症、心肌梗塞、腦梗塞等致命的疾病。但是只差三歲，就如此調整飲食，未免反應過度。

還有，放在購物中心的檢測器是否準確？其實無法確知測定值的可信度有多少。例如最普通的血壓計，在哪裡量會有很大的差異。

具體來說，在醫院裡量血壓會比較高。這是因為當你看到醫生或護理師時會緊張的緣故，也就是俗稱的「白衣性高血壓」，有人在醫院量比在家量的數字高了四十呢。所以對於在購物中心這樣的特殊環境裡，用他們的機器，只做一次檢測的結果，似乎不必大驚小怪。

倘使你仍很介意，應該做正式的健康檢查，並請教專科醫生診斷才對吧。不過做健康檢查，其實也不見得好，因為有的年長者一看到診斷報告書，就灰心喪志哩。

北里大學的立川昭二名譽教授指出：「所謂健康潮，並非健康的人數增多，毋寧說是在乎健康的人或對健康感覺不安的人數增加。或者說是不健康潮，更恰當些。」

活了六、七十年，身體這裡痛、那裡不舒服，乃是理所當然。即使發現數值有些異常，只要做好每天的健康管理，接受適當治療，妥善調養身體就好，不必太過在意。

剛剛那位男士說的「吃飯變成苦差事」，反而是個大問題喔。帶津三敬醫院的名譽院長帶津良一先生說：「為了健康固然好，但若為了健康，讓生活變得辛苦乏味，反而很難長壽。」對這句話我深表贊同。

當然，年長者不能攝取過多鹽分，飲食必須營養均衡，這是基本原則。可是太在意健康，害怕數值惡化，以致「絕對不能這樣，那樣絕不可以！」過著嚴苛的生活，日子一久造成壓力，反而有損健康。

40

捨棄大醫院至上主義

「現在我待的醫院，等開刀要排好幾個月。有的病人如果在其他醫院早點開刀，明明治癒率更好，卻堅持非本院不可，真讓我無法理解。我不知怎麼勸他，胃都痛了。」

這是我的晚輩，也是任職某間有名醫院的醫生的話。事實上，像他碰到的情況，在其他大醫院也屢見不鮮。起因乃日本人多半持有「比起小醫院，大醫院更讓人安心」的觀念。

的確，大醫院擁有最先進的醫療器材。然而只有一小部分的病例會用到這些器材，幾乎所有病患在治療時，只會用到尋常的設備和機器。不僅如此，堅持長期等待大醫院治療，反而會使病情惡化。

有鑒於此，厚生勞動省極力推廣「診所家醫」制度。這個制度是，患者先到住家附近的診所，接受醫生的一般診療，由診所醫生判斷是否需要住院開刀，並開立「轉診單」，再將病患轉到大醫院治療。

各位知道發生重大災害，有多數傷者時，會採「分流治療」（triage）嗎？這套治療系統是以拿破崙所創的野戰醫院的規定為原則，將受傷者依緊急性分類，優先處理如做緊急手術可保住性命的病患。「分流治療」其實跟「診所家醫」的制度不謀而合。

假如連普通感冒、輕微腹瀉、擦傷都去大醫院看病的話，不但讓大醫院人滿為患，也可能延誤真正需要高度醫療的病人就醫的時間。

或許明天，你和你的家人也有可能需要高度醫療。為了那時不致聽到「很抱歉，掛號已滿」的話，請盡量給予大醫院多一點空間吧。

由於診所家醫容易掌握個人生活、家族構成、疾病史和病歷，可以給你很好的建議。同時，熟齡夫妻逐漸老化，如果有一方希望居家治療，也可以拜託診所的家醫看外診。基於上述理由，我建議各位在退休前，先找好住家附近的診所和醫生。

41 退休是改變生活習慣的絕佳時機

某電視節目有個「猜猜幾歲的比賽」的單元。節目中邀請外貌與真實年紀相差很多的民眾到攝影棚，請大家猜他幾歲。有一位來賓真實年齡只有十幾歲，看起來卻像四十多歲；也有一位女士看起來才三十出頭，其實卻已六十歲。真讓人吃驚。

從快退休時開始，你會發現出席同學會的同學，每個人的身體和面容都有改變。其中有些同學頭髮全白，彎腰駝背，也有人看起來非常年輕，還以為是孩子代替出席呢。

不過，真正重要的是身體內部的活力吧。只要看到患者病歷上的年紀接近六十，我一定會勸他：「退休後是改變生活習慣的最好時機。」

高齡者擔心的疾病代表是「高血壓」、「心臟病」、「糖尿病」這三種，通稱為生活習慣病。然而，如名所示，只要改變平日的生活習慣，就可預期獲得預防和改善。

因此，接近退休年齡的你，首先要回顧自己的生活習慣。

當然沒有人喜歡生病，也有許多患者是天生體質的緣故。不過罹患生活習慣病的人，絕大多數自己要擔負最大的責任，因此才建議大家改變生活型態。

江戶時代的儒學家貝原益軒先生提出「人生只有一次，必須享受」的主張。但他也同時表示：

「人本各有天命，若養生則壽長、不養生則命短。然不論生命長短，關乎我心。天命長強健者，若不養生，可能提早棄世；天命短虛弱者，若懂得保養，亦可長壽。」（摘自《養生訓》）

簡單來說：「長壽還是短命，就看你的生活型態了。」再回想前面所說，做各種檢測，只要數字不是太突出，其實不用擔驚受怕。不過退休前必須留心以下三件事：

①改善飲食生活，過重者要減重

②保持適當運動的習慣

③確實注意睡眠、休息

只要這麼做，就算罹患了「高血壓」、「心臟病」、「糖尿病」，不用吃藥，也能改善身體自我防衛功能。

我發覺，日本人太依賴藥物。

東京巢鴨有名的「巢鴨地藏通商店街」，以老年人的原宿聞名。某次街頭訪問中，有位老人笑著說：「我買的藥多到可以餵馬。」「可以餵馬」當然是誇張的表現，不過你是否也感覺自己挺愛吃藥？

泡在藥裡，會不會出問題？美國名醫米多爾（Clifton K. Meador）說：「習慣一天服用四種以上藥物者，處於醫學知識未及的危險狀態。」由此便可知曉。

為了盡量減少藥物的種類和數量，大家都該努力讓自己遠離生活習慣病。

42

盡量多使用政府服務

新聞報導，有一位八十五歲失智症女性和照顧她的七十五歲男性，在家裡死亡的消息。據了解，男士應該是在數週前死亡，女士無法自理進食，最後餓死。

令人痛心的是，民生委員曾經接受報告，推薦他們可以利用公共托老中心提供的日照服務，但遭男士拒絕。

這位已經死亡的男士，究竟為何拒絕別人協助？我們雖不知理由，但應該有不少人認為「接受政府的長照服務很丟臉」或「還沒落魄到要被施捨的地步」吧。但是這樣的想法是錯誤的！

政府針對銀髮族的長照服務，原本就不是站在「施捨」和「不得不做」的立場，而是基於行政考量。

如果失智症或臥床患者，窮到連生活都無以為繼的話，將變成社會資源很大的負擔。地方政府的想法是，就算無法幫助降低看護費用，至少盡量不使其增加。對於保持銀髮族健康、維持現狀，這點不可或缺。因此才會有針對年長者的長照服務。

既然有這麼明確的理由，請各位年長者千萬不要客氣或不好意思，應該盡量使用。

可惜類似的行政服務，很多地方若非「自行申請」，政府不會主動支援，因此你必須自己調查當地政府可以提供什麼樣的服務。各位可以利用第四章提到的樂齡人才中心或民生委員查詢。[1]

另外全國鄉市鎮都有「社會福祉協議會」的組織，他們可以為年長者提供服務、支援年長者，免其生活蒙受不利。

社會福祉協議會提供的服務包括：日常金錢管理的相關諮詢、協助；發放生活費；陪同到銀行繳交公共費用、房租、醫療費，或幫忙代繳款項。

雖然社福單位陪同到銀行辦事，需支付鐘點費（依地區而異，前一小時約一千元，之後每三十分鐘五百元。交通費另計），以安心費來說，算是相當便宜。社福單位還可以幫忙保管存摺和印章，每個月要交二百五十元（因地區而異），就不用擔心被偷。

1 臺灣請洽詢各縣市社會局網站，取得各地老人日照中心、公共托老中心之設置地點與聯絡方式。

其他還有提供紙尿布、補助煤油暖爐費、幫忙倒垃圾、理容美髮者到府服務、提供無障礙施工的特殊貸款、協助接種流行病的預防疫苗等，由於地方政府準備了各式各樣的服務，請大家盡量多多「利用」，預防自己淪為退休難民。[2]

2 臺灣之衛福部針對六十五歲以上獨居、衰弱或失能老人，以及五十歲以上失智者，設立「長照 2.0」服務，可撥打 1966 長照服務專線提出申請。若屬於照護者，可撥打 0800-507272 家庭照護者專線尋求支援，不要自己一個人苦撐，請多多利用政府悉心準備的各項服務。

43

午覺是毒也是藥

「聽說睡午覺的話，不容易得失智症，所以打算退休以後照著做。可是每次睡了午覺，晚上便睡不著，真是煩惱。」

某位男士到醫院，對我吐苦水。

的確有研究者指出：「睡午覺不但提高注意力、判斷力和運動能力，還可以減輕壓力，增強記憶力。」西班牙和希臘從以前就有「午休」這樣的睡午覺習慣，聽說最近日本企業也規劃了午休時間。

不過睡午覺再好，只怕過猶不及。我問剛剛提到的那位男士：「你通常午覺何時睡，睡多久？」他回答：「大概下午三點開始睡，睡一到兩個小時。」這樣當然會影響日常生活！

午覺超過三十分鐘，大腦就會進入真正的熟睡模式，產生不規則睡眠、淺眠的規律，因此有「晚上睡不著」的煩惱。

歐美很多企業積極推廣「活力午睡」（power nap），也就是二十分鐘左右的超短小寐。

根據人體時鐘，睡意最強的時間在半夜及下午二到四點。吃完午飯會打瞌睡，完全符合人體需求，所以建議各位利用這段時間，放鬆身心。

正確的午覺，最遲到下午三點，睡三十分鐘以內。此外睡午覺時，不要躺在床上，也不要蓋被子，這點很重要。因為一旦躺在床上、蓋上被子，午覺時間肯定拉長。還有睡午覺之前，可以喝一杯咖啡。

可能有人看到這個建議會說：「喝了咖啡，不就睡不著了嗎？」其實有提神功效的咖啡因開始發揮作用，是在喝下後二十到三十分鐘，因此喝了咖啡後立刻睡午覺，等咖啡因發揮功效時醒來，時間正好。

倘使各位能夠守住上述原則睡午覺的話，晚上的睡眠品質亦可提升呢。

44 不要過度依賴敬老票

許多人喜歡使用敬老票，這是地方政府為了達到某個年紀的居民，發放可以免費乘坐捷運或公車的定期票券。

有位七十五歲的女士說：「多虧有敬老票，看孫子時使用，非常方便。不過我平常很少用。因為我發現，當我想『有敬老票不用太浪費』時，就會連幾步路遠也搭公車。不走路的結果，腿腳都變虛弱了呢。」

這位女士做了正確的選擇。

進入老年，身體會先從腰和腿的肌肉開始萎縮。有研究報告指出，下半身的肌肉和上半身的肌肉相比，衰退速度高達三倍。所以走路對於鍛鍊肌肉，是非常重要的。

由此可知，只坐捷運或公車，不走路的話，不只肌肉，連心臟、內臟，甚至大腦都會退化。

另外，造成臥床最大原因的「運動障礙症候群」（locomotive syndrome），指的是在日常生活中需要靠他人或工具輔助的狀態，或者是接近這樣的狀態。

以下的檢查表包含許多跟走路有關的項目：

①無法單腳站立脫襪子

②在家裡會絆倒或滑跤

③爬樓梯時需要靠扶手

④無法使用吸塵器、抖被子之類需要拿重物的家事

⑤無法提兩公斤左右的東西回家

⑥無法一口氣跨越平交道或斑馬線

⑦無法走超過十五分鐘的路

前面項目中只要有一個符合，你就可能罹患「運動障礙症候群」。

請留心，每天盡量走六千到七千步（二十歲以上的每日走路步數平均值），

不要依賴敬老票，自己多走路吧。

45 健康的祕訣是不省泡澡

有人說：「退休以後，要處處節儉，所以我想減少泡澡的次數，夏天只要淋浴就好。」結果，他得了之前不曾罹患的熱傷風。他想，怎麼會這樣？但之後不再淋浴，改為泡澡後，居然就不再感冒了。他驚訝地說：「原來泡澡有這麼大功效啊！」

正如這人感嘆所言，入浴的方法和健康有很大的關係。淋浴時，就算你感覺很熱，過了一段時間，體溫會下降。相對地，泡十分鐘熱水澡，體溫就會上升。

體溫變化對調節免疫力和自律神經有很大的影響。

你一定聽人提起過，中醫有「體寒導致種種失調」的說法吧。加州大學賽斯勒（Daniel Sessler）醫生的研究也指出：「平均體溫下降一度，免疫力下滑百分之四十。相反地，體溫上升一度，免疫力提升百分之六十。」

年長者本來體力就會衰退，相對地，體溫也會偏低。這是因為原本控制發揮百分之四十體溫的全身肌肉，因年紀老化而萎縮，使得體溫調節機能跟著衰退的緣故。原本體溫就偏低，卻只淋浴的人，體溫會越來越低，免疫力也會隨之大幅下滑。

如同感冒發燒會量體溫，大多數人會注意發燒，卻對體溫下降無感。

只是，「想要身體暖和，來泡熱水」這個想法並不正確。身體進入滾燙的熱水裡，你會立刻感覺溫暖，但是熱水燙到的只有身體表面。沒讓身體重要的內部器官溫暖的話，對心臟和血管會造成很大的負擔。

為了能健康、安全地入浴，請保持浴缸的水溫在四十一度以下，建議泡十分鐘，讓體溫上升就好。

冬天為防止溫差急遽變化，脫衣服的地方也要保持溫暖。

有些人血壓高，怕心臟無法負荷，可以將浴缸的水放少一點，做肚臍以下的半身浴，這樣比較安全。

半身浴和全身浴不同，半身浴時體內溫度慢慢上升，身體溫暖，精神也跟著放鬆。而且半身浴省瓦斯、省水，就財務面而言也比較好。

以下是半身浴的祕訣：

- 熱水溫度大約三十八度到四十度之間。
- 熱水量看浴缸的大小，以泡到肚臍以下的高度為原則。

- 入浴時間至少二十到三十分鐘。不習慣久泡的人，可以一邊泡湯，一邊讀雜誌或書籍，打發時間。
- 入浴時請伸直手腳。一邊讀書的人也不要彎曲手肘，有意識地伸直手臂。

上半身和臉冒出許多汗，代表你半身浴非常成功。

總之，如果連泡澡的錢都想省，說不定會讓身體出問題，請大家務必注意。

46

太過粗食容易引發臥床和失智

退休後少了通勤這項運動的機會，很容易導致運動量不足，再加上年齡增長，身體需要的能量減少，體重自然增加。

順道一提，目前可知七十歲以上男性需要的能量，跟十五到十七歲時相比，不到百分之二十，假如吃的跟年輕時一樣多，體重當然增加。

可是減餐、過度粗食的話，會導致營養不足。雖說是飽食時代，但高齡者經常可見營養不夠或有營養偏低的傾向。

若持續營養偏低，將使身體機能急遽衰退，結果會經常摔跤或骨折，甚至導致臥床、失智。換言之，極端限制飲食，容易造成健康上的高風險。

話雖如此，也沒必要拚命增加飲食量。重要的是注意飲食的內容，特別用心多攝取好的蛋白質。有人說：「肉類含高膽固醇，要少吃。」但那指的是吃太多肥肉。

肉類是攝取好的蛋白質不可或缺的食材，假如感到「最近容易感到累」、「手沒力（沒握力）」、「走路速度變慢」等時，表示因蛋白質不足，使體內的肌肉減少。若想改善這個狀況，每天至少需要攝取七十公克蛋白質。

只從豬里肌或牛大腿肉攝取蛋白質的話，需要吃到三百公克以上的分量。當然蛋白質亦可從肉類以外的食材中取得，因此不需要吃那麼多肉；不過我們實際上攝取的肉量很少，只是沒感覺罷了。

另外，日本應用老年學會理事長柴田博醫生也指出：「老年人應該每天吃六十到八十公克的肉類。」

最近流行限醣減肥法，可是做得太過的話，可能會搞壞身體。金澤大學的篁俊誠教授表示：「為了維持良好的身體機能，每天必須攝取一百五十公克醣類。」一百五十公克醣類，相當於兩碗半的飯的分量，換句話說，正餐不用減，但可以用控制零食來限醣。

綠蠹魚館

幸福優雅的老後

作者——保坂隆
譯者——張玲玲

副總編輯——陳莉苓
特約編輯——丁宥榆
插畫——利曉文
封面設計——季曉彤

發行人——王榮文
出版發行——遠流出版事業股份有限公司
100臺北市南昌路二段81號6樓
郵撥 0189456-1
電話 (02)2392-6899
傳真 (02)2392-6658

著作權顧問——蕭雄淋律師

2020年9月1日——初版一刷
售價——新臺幣320元

YLib 遠流博識網

http://www.ylib.com e-mail: ylib@ylib.com
(缺頁或破損的書，請寄回更換)

TEINENGO, UMAKUIKU HITO, IKANAI HITO
BY TAKASHI HOSAKA

幸福優雅的老後 / 保坂隆著 ; 張玲玲譯. -- 初版.
-- 臺北市 : 遠流, 2020.09 面 ; 公分

譯自 : 定年後、うまくいく人 いかない人

ISBN 978-957-32-8834-3 (平裝)

1. 老年 2. 退休 3. 生活指導

544.8 109009408

定年後、
うまくいく人　いかない人

定年後、うまくいく人　いかない人

定年後、
うまくいく人　いかない人

定年後、
うまくいく人　いかない人